DE

L'INCAPACITÉ

DE LA

FEMME MARIÉE

PAR

Nicolas DAMASCHINO.

PARIS

IMPRIMERIE DE MOQUET,

92, rue de la Harpe, 92.

1854

DE

L'INCAPACITÉ

DE LA

FEMME MARIÉE

THÈSE POUR LE DOCTORAT

SOUTENUE A LA FACULTÉ DE DROIT DE PARIS

Le 24 Août 1854, à 3 heures.

PAR

Nicolas DAMASCHINO.

Président : M. OUDOT, professeur.

PARIS

IMPRIMERIE DE MOQUET,

92, rue de la Harpe, 92.

1854

A Monsieur le Marquis de TRACY.

HOMMAGE DE RESPECT ET DE RECONNAISSANCE.

N. DAMASCHINO.

INTRODUCTION.

Un des plus grands priviléges que Dieu ait donnés à l'homme, c'est de pouvoir profiter des connaissances acquises par ceux qui ont vécu avant lui ; car c'est de la conservation et de la transmission des découvertes que dépend le progrès de l'humanité. Si chaque génération avait à recommencer le travail de la génération précédente, aucune science n'avancerait ; ou plutôt, il n'y aurait pas de science : il n'y aurait que des notions, qui seraient plus ou moins nombreuses selon l'intelligence de chacun, mais qui seraient toujours sans suite et sans liaison.

Ainsi toutes les sciences ont leur passé, et ce passé est constaté par l'histoire. Cependant l'utilité de l'histoire n'est pas la même pour toutes les sciences. Il faut à cet égard distinguer les sciences morales des sciences physiques et mathématiques. Dans les sciences physiques et mathématiques aucun résultat certain n'est oublié ; parce que, comme ces sciences n'exigent que l'observation et le raisonnement, on peut toujours s'assurer de la justesse et de l'exactitude d'une connaissance qui leur est relative ; de sorte que chaque découverte nouvelle trouve sa place et va s'ajouter aux anciennes dont elle ne se sépare plus. On finit alors par perdre de vue l'inventeur et l'époque de l'invention pour n'avoir plus égard qu'à la connaisance elle-même, qui sert à compléter la science. Aussi dans ces sciences le passé fait corps avec le présent.

Il n'en est pas de même des sciences morales. Dans celles-ci, à l'exception d'un certain nombre de vérités sur lesquelles on est généralement d'accord, il y a des notions sur la certitude desquelles les hommes diffèrent ; car les sciences morales nécessitent, outre l'observation et le raisonnement, le sens moral qui varie avec les croyances et les passions de chaque individu, de chaque peuple, de chaque génération. Des lors le passé ne fait pas partie du présent, et l'on comprend qu'une bonne idée, qu'un bon principe puissent être oubliés ; aussi c'est à l'histoire à en rappeler le souvenir.

L'histoire est donc indispensable dans les sciences morales. Elle apprend à l'homme ce qu'ont fait de bon ceux qui l'ont précédé, et sa raison lui conseille alors de les imiter et de ne pas rougir de faire un prompt retour vers le passé lorsqu'il s'est égaré et qu'il a quitté la bonne voie pour une voie mauvaise. Mais en même temps, l'histoire nous découvre aussi les fautes dans lesquelles sont tombés nos devanciers, et notre raison, qui nous en fait connaître les causes, nous commande de les éviter. Il résulte de tout cela que dans les sciences morales l'histoire ne nous sert pas seulement à compléter et à expliquer le présent ; elle sert aussi à corriger ce présent et à nous donner des aspirations vers l'avenir.

Cette double utilité de l'histoire est incontestable en ce qui touche le droit, car le droit est une science morale. Mais que faut-il entendre par l'histoire du droit ? Doit-on se borner à étudier l'ancien droit français et le droit romain en négligeant entièrement le droit des autres nations ? Nous ne le croyons pas. L'étude de l'ancien droit français et du droit romain peut sans doute servir à expliquer le droit français actuel ; mais nous ne pensons pas que cette étude soit suffisante pour celui qui veut aller plus loin, et qui veut chercher dans l'histoire les principes différents qui ont été établis dans chaque partie du droit, afin de voir quel est le meilleur de ces principes et de se rendre compte des causes qui ont fait établir les mauvais. Nous croyons que ce but ne saurait être rempli que par l'étude de la législation comparée, en la restreignant d'ailleurs aux généralités. Aussi, sans jamais perdre de vue que le droit romain et surtout la législation française devaient former le fond de notre thèse, avons-nous cru pouvoir nous livrer à un examen

rapide des autres législations tant anciennes que modernes.

Ce qui fait l'objet de notre thèse, c'est l'incapacité de
la femme mariée quant à ses biens, *res familiaris*. Mais
qu'est-ce que l'*incapacité*? Ce mot implique une idée
négative : l'incapacité est l'absence de la capacité; il
faut donc définir la capacité. Or la *capacité* est la faculté
légale de profiter des avantages de la vie civile et d'en
supporter les désavantages. L'incapacité est de deux
sortes : ou bien elle porte sur le fond même du droit, et
alors elle est dite *incapacité de jouissance* ; ou bien elle
consiste en ce qu'une personne ne peut exercer ses droits
qu'avec l'assistance ou l'autorisation d'une autre personne, et elle est alors nommée *incapacité d'exercice*.
L'incapacité de la femme mariée appartient à cette seconde partie de la division ; la femme mariée est incapable en ce sens qu'elle ne peut pas exercer ses droits
sans l'autorisation de son mari ou de la justice.

La matière de l'incapacité de la femme mariée quant
à ses biens fait partie de la condition de la femme à
laquelle elle est intimement attachée ; de sorte qu'il est
impossible d'étudier la première sans s'occuper beaucoup de la seconde. Aussi la question de la capacité ou
l'incapacité de la femme dépend de l'idée que le législateur se fait de l'intelligence de la femme et des devoirs
qu'il lui appartient de remplir. Mais avant de chercher

à résoudre nous-même la question, il faut voir quels sont les résultats que nous avons obtenus de l'étude des diverses législations.

Deux principes ressortent d'une manière bien manifeste de l'examen des différentes législations auquel nous nous sommes livré. Le premier, c'est que dans les états naissants et chez les peuples barbares, la femme est regardée comme un être d'un ordre inférieur, parce que dans ces peuples c'est la force brutale qui l'emporte ; l'intelligence ne joue qu'un faible rôle. Le gouvernement n'étant pas encore constitué est obligé de laisser aux chefs de famille un pouvoir presque égal sur les femmes, les enfants et les esclaves, qui pour ces peuples sont des êtres de même ordre. Le second principe, c'est que dans les états despotiques la femme est placée dans une situation de dépendance non moins grande ; parce que l'homme est toujours disposé à transporter dans le sein de sa famille ce qu'il voit établi dans le gouvernement, et que l'opprimé cherche à son tour à devenir oppresseur vis-à-vis des êtres qui sont ses supérieurs ou ses égaux en intelligence, mais ses inférieurs en force.

Ces idées, dont l'exactitude nous semble prouvée par l'étude des anciennes législations, ont été déjà indiquées par un philosophe qui a ouvert notre siècle avec un grand courage et un rare bonheur. Destutt de Tracy, dans un ouvrage qu'il a modestement intitulé *Commentaire sur l'Esprit des lois de Montesquieu,* et qui contient en réalité un résumé de la *science sociale,* s'est exprimé en ces termes, à la fin de son livre VII : « A l'égard des femmes, « elles sont des bêtes de somme chez les sauvages, des « animaux de ménagerie chez les barbares, alternative- « ment despotes et victimes chez les peuples livrés à la « vanité et à la frivolité. Ce n'est que dans les pays où « règnent la liberté et la raison qu'elles sont les heureu- « ses compagnes d'un ami de leur choix, et les mères « respectées d'une famille tendre élevée par leurs soins ». Ces paroles nous paraissent être le meilleur commentaire des législations orientales et des droits Romain et Français primitifs.

Le Christianisme a profondément changé le Droit. Il a substitué partout la charité à la force, l'amour à la violence, l'intérêt du faible aux caprices du fort. Mais c'est surtout dans les sein de la famille que son influence bienfaisante est allée se répandre. Il n'avait trouvé là qu'un seul lien entre les divers membres de la famille, la puissance, et il l'a remplacée par l'affection. Il a ainsi relevé la condition des femmes, des enfants et des esclaves qui n'étaient sous le paganisme que de pauvres êtres déshérités ; il a déclaré qu'ils étaient tous les enfants d'un même Père céleste, et qu'en conséquence ils devaient s'aimer comme ce père les aimait lui-même. Le Christianisme a donc brisé les chaînes de la femme.

Il a proclamé qu'elle était la compagne de l'homme et non sa servante ; en sanctifiant le mariage, il en a fait l'union de deux âmes égales. Ces changements étaient trop grands pour qu'ils ne pénétrassent point dans le Droit ; les législateurs chrétiens dûrent améliorer la condition de la femme.

Il ne faut pas croire cependant que ce mouvement se soit fait brusquement. Le grand mérite de notre religion est d'avoir voulu faire modifier les institutions par le changement des mœurs. Contrairement à ce qu'ont fait les autres religions, elle n'a rien bouleversé, voulant arriver à son but par la douceur et par la persuasion. Aussi la condition de la femme ne fut pas changée tout d'un coup, quoique l'amélioration se fît rapidement. C'est ainsi que pendant de longs siècles on regarda la femme comme inférieure à l'homme pour l'intelligence et l'aptitude aux affaires, et que dans plusieurs pays coutumiers on partit de cette idée pour établir une plus ou moins grande capacité de la femme. Cette croyance n'était qu'une confusion : on concluait de ce que les devoirs de la femme sont autres que ceux de l'homme, que ceux-ci étaient supérieurs à ceux-là ; comme si l'on venait prétendre que les devoirs du prêtre sont inférieurs à ceux du soldat, parce qu'ils sont d'un ordre différent !

Les rédacteurs du Code Napoléon ont été guidés, suivant nous, par un autre principe. Nous verrons au commencement de notre Livre II que ce n'est ni l'intérêt du mari ni la prétendue infériorité du sexe qui leur ont fait établir l'incapacité de la femme mariée. Ils ont seulement pensé que dans toute société il y avait un chef, et que par conséquent dans l'association conjugale, la paix du ménage exigeait l'incapacité de la femme mariée. Remarquons d'ailleurs que ce même principe a été adopté, d'une manière plus ou moins complète, par presque tous les législateurs modernes, sauf celui d'Autriche, qui a permis à la femme de s'engager sans aucune autorisation.

Ainsi aujourd'hui ce n'est plus la fausse idée de l'infériorité de la femme qui dicte aux législateurs modernes l'incapacité de la femme mariée. Ce vieux principe a succombé sous les coups de la religion et de la civilisation pour faire place à une idée nouvelle, plus généreuse et plus vraie. Les rédacteurs de nos lois sont inspirés par l'intérêt de la famille et de la paix du ménage. Ils ont vu que cet intérêt exigeait que l'association conjugale fût dirigée par un chef capable de la protéger vis-à-vis de tout le monde ; c'est sous l'empire de cette réflexion qu'ils ont établi l'incapacité de la femme mariée. Mais ils ont accordé à celle-ci le droit de retenir par contrat de mariage l'administration de ses biens. Voilà pour l'humanité une bonne conquête du christianisme et de la civilisation, Peut-être est-il permis d'espérer qu'il viendra un jour où, grâce à l'éducation de plus en plus répandue des femmes, nos législateurs pourront leur donner une indépendance plus complète, en leur reconnaissant non seulement le droit d'administrer leurs biens, mais aussi celui d'en disposer.

DE L'INCAPACITÉ DE LA FEMME MARIÉE.

LIVRE Ier.

DROIT ANCIEN.

TITRE PREMIER.

LÉGISLATIONS ORIENTALES.

CHAPITRE PRÉLIMINAIRE. — CONSIDÉRATIONS GÉNÉRALES.

Toutes les législations Orientales, à l'exception pourtant de celles de la Grèce, qui étaient de beaucoup supérieures aux autres, sont empreintes de l'idée de l'infériorité de la femme. Cette infériorité était sans doute plus ou moins grande suivant les pays ; c'est ainsi que la condition des femmes était meilleure chez les Juifs que dans les autres peuples de l'Asie ; mais il n'en est pas moins vrai que toutes ces nations regardaient et regardent même encore la femme comme un être d'un ordre inférieur. Une si mauvaise croyance a sa cause dans l'esprit de subordination et de dépendance de ces peuples peu civilisés qui adorent leur souverain comme un Dieu, et dont les classes inférieures se courbent bassement devant les classes supérieures. L'homme ainsi dominé est bien aise d'exercer à son tour, vis-à-vis d'un être qu'il s'efforce de rendre de plus en plus faible et soumis, la tyrannie qu'il subit et qu'il n'a pas la force de secouer.

CHAPITRE PREMIER.

Condition de la femme en Chine.

Rien n'est moins connu que la législation chinoise, quoiqu'elle soit la plus ancienne du monde; c'est qu'aussi aucune autre n'est plus difficile à étudier. Les Chinois, en effet, n'ont pas de codes, à l'exception d'un seul, le Code Pénal, qui réglemente avec un soin minutieux les peines *corporelles* (1). Le reste de la législa-

(1) En Chine, toutes les peines sont corporelles; les amendes mêmes sont évaluées à coups de bâton; ce qui a fait dire, avec raison à Montesquieu (Esprit des lois, liv. VIII, ch. 21), que la Chine est un peuple à qui on ne fait rien faire qu'à coups de bâton. — Le Code pénal de la Chine, *Ta-tsing-leu-lee*, a été traduit pour la première fois par Staunton à qui l'on doit plusieurs ouvrages fort estimés sur la Chine (Ta-tsing-leu-lee, London, 1810, in-4°). Deux ans après sa publication, cette traduction anglaise a été mise en français par M. Félix Renouard de Sainte-Croix. (Paris, 1812, 2 vol. in-8°.)

tion chinoise se trouve disséminé dans une foule d'ordonnances dont les textes, toujours suivis de leurs com-
mentaires, sont dans la Bibliothèque impériale et ne
forment pas moins de trois cents volumes in-4°. Aussi,
après de nombreuses et inutiles recherches, avons-nous
été obligé de nous contenter des histoires ou descrip-
tions de la Chine, préférant surtout les *Mémoires des
Missionnaires de Pe-King*, dont les observations sont
appuyées de diverses traductions d'ouvrages chinois.

L'idée de l'infériorité de la femme est si bien gravée
dans l'esprit des Chinois qu'elle est non-seulement pro-
clamée par les hommes, mais acceptée par les femmes.
Il est à remarquer que l'ouvrage chinois, traduit par
les Missionnaires, qui nous en a donné la connaissance
la plus exacte a été composé par une savante chinoise,
nommée Pan-loei-Pan ; il a été copié par l'empereur
de la Chine lui-même, et son peuple le considère encore comme étant le livre le meilleur et le plus utile (1).
Il a pour titre *Nieu-Kié-tsi-pien*, c'est-à-dire *Les sept
articles sous lesquels sont compris les principaux devoirs
des femmes*. Or, voici comment il débute : « *Nous te-
« nons le dernier rang de l'espèce humaine* ; nous som-
« mes la partie la plus faible du genre humain ; les *fonc-
« tions les moins relevées* doivent être et sont en effet

(1) Voir le t. iii, des *Mém. des Missionn. de Pe-King*, p. 268 et
suiv. —

« notre partage. » Tout l'art. 1er est conçu dans les mêmes termes ; il regarde l'infériorité de la femme comme étant de droit naturel, et les articles suivants ne sont que des conséquences de cette idée.

Les Chinois font d'ailleurs tout ce qu'ils peuvent pour maintenir leurs femmes dans cet état d'infériorité. Ils ont compris que la meilleure manière d'y arriver, c'était de les faire rester dans l'ignorance et dans l'isolement. Aussi, les femmes peu curieuses d'instruction sont renfermées dans leurs appartements et ne voient guère que les familles de leurs maris (1). L'obéissance est leur vertu, et c'est une vertu exigée dans toutes les situations de leur vie. Les filles doivent obéir à leurs parents, les femmes à leurs maris, *les veuves à leurs fils* ! En ceci, la législation chinoise a une grande ressemblance avec celle des Juifs (2). Il ne faudrait pas croire d'ailleurs que cette obéissance soit celle des peuples de l'Europe ; ce n'est pas une simple déférence, comme celle dont parle l'art. 213 du Code Napoléon ; il s'agit d'une *obéissance effective* de tous les instants, qui confisque l'intelligence de la femme au profit de celui sous la puissance duquel elle se trouve.

(1) *Eod.* t. i, p. 11. — Savagner, *Hist. de la Chine* (Paris 1844, 2 vol. in-12,) (t, ii, p. 207), dit que la petitesse des pieds chez les femmes de la Chine est une invention faite pour les obliger de garder la maison en les empêchant de marcher. — (2) *Mém. des Missionn.*, t. ii, p. 289 ; *Descript. de la Chine*, du père du Halde, de l'abbé Gresier, etc. *Passim.*

Mais arrivons spécialement à la femme mariée.

On ne peut pas dire, rigoureusement parlant, que le mari *achète* sa femme, car le mot *acheter* n'est pas employé dans cette circonstance par les Chinois ; on ne peut pas dire non plus, pour le même motif, que la femme soit esclave : les Chinois tiennent beaucoup aux mots ; ils ménagent leurs expressions. Mais pour celui qui veut aller au fond des choses et qui ne se contente pas de mots, la femme Chinoise est réellement esclave ; on peut le voir par ce que nous en avons déjà dit, et cela apparaîtra encore plus clairement par la suite. Il en est de même de l'achat de la femme ; les Chinois ne disent pas qu'ils achètent leurs femmes, et pourtant tous les auteurs nous apprennent que le père ne donne sa fille en mariage que lorsqu'il a reçu une somme qui varie suivant la fortune de l'époux et la position du père ; une très-faible partie de cette somme est remise à la femme pour qu'elle s'achète des vêtements, et le reste appartient au père (1). Si ce n'est pas là un achat proprement dit, c'est à coup sûr quelque chose qui lui ressemble beaucoup.

La femme mariée entre dans la famille de son mari et perd la sienne, qu'il ne lui est même plus permis de voir (2). Par son mariage la femme perd tout, jusqu'à

(1) Savagner, t. ii, p. 197. — *Mém. des Missionn.*, t. ii, p. 289 ; Martini, *Hist. de la Chine* (Lyon, 1667), p. 106, etc.—(2) Mém. des Miss. t. iv, p.186 : On y trouve la traduction d'un écrit chinois intitulé *Kieou-yun-sin-y* ou *Plaintes* (Liv. II, p. 8); p. 206 où les Mis-

son nom ; *elle n'a plus rien en propre ; ce qu'elle porte, ce qu'elle est, sa personne, tout appartient à son époux* (Art. V du Niu-kie-tsi-pien). Son incapacité est donc aussi absolue, aussi complète que possible. Elle doit obéir à son mari, à son beau-père et à sa belle-mère, qui peuvent la corriger si elle s'y refuse, et l'article 6 de ce même livre (1), explique cette obéissance *qui sans exception de temps, ni de circonstances, sans avoir égard aux difficultés, ni aux aversions, s'étend à tout et s'exerce sur tout.* Elle est formulée d'une manière bien énergique dans le *Livre des Lois pour le sexe* (*Niu-hien-chou*), en ces termes : *la femme doit être dans la maison comme une pure ombre et un simple écho.*

La condition des femmes de la Chine est donc bien triste ; esclaves et renfermées par leurs maris, elles ne jouissent d'aucune capacité ; toujours exposées à la mauvaise humeur de leurs beaux-pères et de leurs belles-mères, elles leur doivent la plus entière obéissance ; et, si elles deviennent veuves, après un deuil long et austère, elles tombent sous la dépendance de leurs fils.

sionnaires ont traduit un fragment du *Tchoung-Kiaa-Pao* ou *De l'union du mari avec sa femme* (L. IV, p. 21) — (1) *Eod.* t. IV. p. 380.

CHAPITRE II.

Condition de la femme Indienne.

La législation Indienne se compose de quelques Ordonnances, et surtout de ce qu'on nomme en Europe *les lois de Manou*. Il ne faut pas croire cependant à la vue de ce titre que ce livre soit un Code des lois Indiennes. L'expression de *Lois de Manou* est une traduction mauvaise de *Mânava-Dharma-Sâstra*, qui, ainsi que l'a fait remarquer M. Loiseleur-Deslongchamps, dans sa Préface, signifie *Livre de la* loi *de Manou*. Il suffit d'ailleurs de le parcourir pour voir de suite que ce n'est pas un Code et qu'il a pour but de régler la conduite civile, morale et religieuse de l'homme. Après avoir, en effet commencé par quelques pages sur la cosmogonie, l'auteur du livre a exposé des idées de métaphysique ; puis il a donné des règles sur la manière de se conduire dans les diverses époques de la vie ; on y rencontre enfin, des lois civiles et criminelles. Les termes impératifs dans lesquels ce livre est rédigé et une certaine grandeur qui y règne dès le début, en ont imposé l'observation aux Indiens.

La position sociale des femmes Indiennes exclut chez elles toute capacité d'aliéner ou de s'obliger. Ce n'est pas seulement la femme mariée qui est incapable, mais aussi la jeune fille et la veuve. Nous lisons, en

effet dans Manou (1), qu'une petite fille, une jeune
« femme, une femme avancée en âge ne doivent jamais
« rien faire suivant leur propre volonté, *même dans*
« *leur maison.* » Pendant son enfance, une femme doit
dépendre de son père ; pendant sa jeunesse, de son
mari ; *après la mort de son mari, de ses fils ; si elle n'a
pas de fils, des proches parents de son mari* ou à leur
défaut de ceux de son père ; si elle n'a pas de parents
paternels, du Souverain (2).

En lisant ces dispositions, on est frappé de la ressemblance qu'elles offrent avec le *mundium* des Germains,
et cette comparaison acquiert de l'importance quand on
se rappelle que les Germains appartiennent à la race
Indo-germanique. Rien d'ailleurs ue manque à la simi-
litude, si ce n'est peut-être, que la femme Germaine
avait du moins la direction des affaires domestiques,
tandis que la femme Indienne ne pouvait et ne peut
encore aujourd'hui rien faire suivant sa volonté, même
dans sa maison : cela apparaît clairement par le texte
que nous avons cité et par plusieurs autres.

La *puissance* du mari est plus grande que celle des
autres protecteurs de la femme ; elle est résumée dans
cette phrase : « La femme doit révérer le mari *comme
« un Dieu,* même s'il est infidèle ; » *comme un Dieu,* dit
la loi ; et il faut connaître l'esprit religieux des Indiens

(1) *Lois de Manou,* par Loiseleur Deslonchamps, liv. V. st. 146
et suiv. — (2) *Loc. cit.* st. 147 ; liv. IX, st. 3.

pour se rendre compte de la force de cette expression.

La femme Indienne est donc frappée d'une incapacité complète. Si la qualification d'*esclave* ne lui est pas donnée par la loi, c'est que ce mot manque dans la langue. Soyons juste cependant : le législateur Indien a ordonné au mari de bien traiter sa femme (liv. 3, st. 56). Mais on a le droit de se demander quel peut être l'effet de cette bonne pensée, en présence de tout un système de dépendance longuement combiné par Manou et scrupuleusement suivi par une nation stationnaire, qui est aujourd'hui ce qu'elle était il y a deux mille ans !

CHAPITRE III.

Condition de la femme en Perse.

Il faut tout d'abord constater la supériorité de la législation Persane sur celles que nous venons d'étudier relativement à un point capital de la condition de la femme ; nous ne voyons pas, en effet, dans les lois ou les usages de la Perse, un achat direct ou indirect de la femme par le mari. Il suffit d'énoncer ce fait pour en faire comprendre toute l'importance. Malheureusement il n'a pas produit les effets qu'on aurait pu en attendre ; cela tient à ce que les Perses sont persuadés que la femme est née uniquement pour la reproduction de l'espèce humaine (1). Cette croyance, jointe à la religion du pays qui permet de posséder toutes les femmes qu'on veut, pourvu qu'elles ne soient pas liées à un autre (2), fait que les femmes sont plus étroitement gardées en Perse qu'en aucun autre endroit de la terre; les sérails des Turcs et celui du Grand Seigneur, sont des lieux publics en comparaison des *harems* Persans, et lorsque les femmes voyagent, ceux qui passent sont obligés de les fuir (3).

Respect, soumission et obéissance aveugle, tels sont les devoirs des femmes. Zoroastre, qui a donné à la Perse ses lois, s'exprime à ce sujet d'une manière trèsclaire : *la femme,* dit-il, *doit respecter son mari, pour ainsi dire, comme Dieu* (4), et ce n'est pas là une expression figurée, car presque aussitôt il indique de quelle manière la femme doit, après s'être levée du lit *se prosterner* devant son mari pour lui demander ses ordres, et il ajoute que la femme non mariée doit rendre les mêmes devoirs à son père, ou à son frère, ou à celui dont elle dépend (5).

Il paraît que dans les temps anciens la femme ne recevait pas de dot ; ses parents lui donnaient seulement

(1) Chardin ; *Voyage en Perse,* (Amsterdam, 1735, 4 vol. in-4°) t. III, p. 591. — (2) *Eod.* p. 584, — (3) *Eod.* p. 585 et suiv., 592, etc. — (4) Zend-Avesta ou *Livres de Zoroastre,* traduits par Anquetil du Perron, (Paris, 1771, 3 vol. in-4°) t. III, p. 561. — Zoroastre, Confucius et Mahomet, par M. de Pastoret, (Paris, 1788, in-8°), p. 181; etc. — (5) Zend-Avesta. *Loc. cit.* p. 562.

quelques hardes et quelques bijoux suivant leur position (1). Mais le mari a toujours donné un douaire considérable (2). Selon le *vieux Ravaet* (3), qui correspond aux *responsa prudentium*, le mari donnait à sa femme deux mille dinars, dont elle le constituait gardien (4), en lui disant que *tout ce qu'elle possédait était à lui* (5). La femme avait le droit de demander le douaire promis en cas de divorce (6). Cette législation sur le douaire s'est toujours maintenue. Il n'en fut pas ainsi de celle relative à la dot. Dans les temps reculés, il n'y avait pas de dot ; mais plus tard, on se demanda si la femme ne ferait pas bien d'en apporter une au mari (7), et cet usage fut bientôt répandu (8).

Il résulte de tout ce que nous venons de voir, que la femme était aussi incapable en Perse que dans le reste de l'extrême Orient, quoique sa position fût meilleure, en ce sens que, son mari ne l'achetant pas de ses parents, elle n'avait pas à craindre leur cupidité.

CHAPITRE IV.
Condition de la femme en Turquie.

Après la législation de Zoroastre vient tout naturel-

(1) Chardin t. III, p. 409.—(2) M. de Pastoret, p. 60 ; Tavernier, t. II, p. 387.— (3) F° 195.—(4) Zend-Avesta, *Loc. cit.* p. 102.— (5) Henri Lord, *Hist. de la relig. des Banians* suivie d'un *Traité de la relig. des Persans*, extrait du *Zundava-staw* ; traduits par M. Briot (Paris, 1667, in-12). p. 203. — (6) Chardin, t. III, p. 409; Tavernier, t. II, p. 388; etc.—(7) Zend-Avesta, p. 102; M. de Pastoret, p. 60. — (8) Henri Lord, p. 203; Hyde, *Historia religionis veterum Persarum* (Oxonii, 1700). Cap. XXXIV, p. 405.

lement celle de Mahomet. Un des grands changements
apportés par Zoroastre au mariage fut sa consécration
par la religion. Inférieur à Zoroastre, comme législateur et comme moraliste, Mahomet, qui tenait surtout à
dominer, établit un principe tout différent. Pour lui, le
mariage fut un acte purement civil. Bien plus, il déclara
dans le Coran, que le *désir d'épouser une femme suffisait pour l'autoriser* (1), *et que le consentement des parents n'était même pas nécessaire* (2). En cela, il fut
fidèle à son idée d'attirer à lui les Arabes, en leur donnant une religion facile et indulgente, et en leur pro-
mettant pour l'autre monde le plaisir et la volupté.

Le résultat d'une telle législation fut ce qu'il devait
être. On trouve la plus grande variété dans les mariages Ottomans; tantôt les femmes sont obtenues avec leur
consentement et celui de leurs parents; tantôt ce sont
des esclaves achetées, que leur maître élève au rang de
ses femmes; tantôt enfin, ce sont des personnes enlevées
par la force, que leur ravisseur déclare être ses femmes!
Mahomet, comme les autres législateurs de l'Asie, a
oublié que la femme est née pour être la compagne légale de l'homme et non son esclave. Aussi le Coran a
fait de la soumission et de l'obéissance le premier de-
voir des femmes; il a permis au mari de réprimander,

(1) Coran, ch. II, v. 235. — Zoroastre, Confucius et Mahomet,
par M. de Pastoret, p. 288. — Grassi, Charte Turque, (Paris, 1825,
2 vol. in-8°), t. II, p. 25. — (2) De Pastoret, p. 289 et les citations.

de répudier, et même de frapper celles qui lui désobéi-
raient (1). «Les femmes, a-t-il dit, (Ch. II, v. 223) sont
« votre champ ; cultivez-le de la manière dont vous
« l'entendrez. » Il a regardé l'homme comme étant
d'une nature supérieure à celle de la femme (2), et
nous trouvons à ce sujet, dans le Coran, ces paroles :
« Les hommes sont supérieurs aux femmes *à cause des*
« *qualités* par lesquelles Dieu a élevé ceux-là au-dessus
« de celles-ci, *et parce que les hommes emploient leurs*
« *biens à doter leurs femmes.* » (Ch. IV. v. 3).

Ceci nous conduit à parler de la dot et du douaire.
Il est certain, d'après le Coran, que c'est le mari qui
apporte la dot ; cela résulte du passage que nous venons de citer et de plusieurs autres (1). La quantité de
la dot n'est pas fixée: il suffit qu'elle réponde aux facultés du mari; s'il est pauvre, la femme peut l'en dispenser (2). La dot appartient sans réserve à l'épouse qu'on
répudie ; si le mari n'a pas eu de commerce avec elle, il
n'en doit que la moitié (3). *L'administration* de la dot
appartient à la femme, si le mari veut bien la lui laisser ; et il a pour cela les pouvoirs les plus larges; car le
Coran lui ordonne de s'assurer des facultés intellectuel-

(1) Coran, ch. IV, v. 38; Ch. II, v. 228 et 237. — (2) Eod. v.
222 et 228; de Pastoret, p. 290. — (1) Ch. II, v. 237; ch. IV, v.
28; ch. IX, v. 10 ; de Pastoret, p. 293, Grassi, t. 11. p. 24. — (2)
Coran, ch. II, v. 236. — (3) Ch. II, v. 237 et 238; ch. IV, v. 24
et 25.

les de sa femme avant de lui confier l'administration de
ses biens (1).

Quant au douaire, il n'existe pas sans stipulation ; et
s'il est stipulé, il n'est dû que si la femme est renvoyée
par son mari (2).

Ainsi, Mahomet, qui a regardé la femme comme inférieure à l'homme et qui a établi dans son livre des principes si détestables, a cependant permis à la femme
d'administrer ses biens ; mais il a fait dépendre même
cette administration du bon vouloir du mari. Une disposition plus large et plus favorable à la femme est
celle qui lui a donné un droit sur une portion de la succession de son mari (3) ; en retour, le mari succède à la
moitié des biens de sa femme si elle ne laisse pas d'enfant, et au quart de ces mêmes biens dans le cas inverse (4).

Pour nous résumer sur cette partie de la législation
Ottomane, nous dirons qu'elle nous paraît un contre-
sens, puisque la femme est moins bien traitée par Mahomet quant à sa personne que quant à ses biens. Montesquieu nous donne la clef d'une telle bizarrerie quand
il dit, dans son *Traité de l'esprit des lois* (Liv. VII,

____

(1) Ch. IV, v. 5. — (2) Grassi, t. II, p. 206, note 11; de Pastoret
p. 295; Tournefort, t. II, lettre, 14, p. 363. — (3) Coran, ch. II, v.
241; ch. IV, v. 8. — (4) Ch. IV, v. 15.

ch. IX), *que dans les États despotiques, la femme est un objet de luxe et qu'elle doit être extrêmement esclave.* Les Ottomans ne refusent rien à leurs femmes, pourvu qu'elles abdiquent en leur faveur toute indépendance et toute dignité.

CHAPITRE V.
Condition de la femme chez les juifs.

La condition de la femme était meilleure chez les juifs que dans les autres nations de l'Orient, car il est bien démontré que la femme n'était pas *esclave* de son mari. Mais, sa condition était inférieure à celle de la femme chrétienne, et même à celle de la femme grecque.

Le mari n'achetait pas sa femme, comme l'a pensé à tort M. de Pastoret, dans son *Histoire de la législation,* (T. IV. ch. XXII). Cette croyance, qui a longtemps existé, et que M. Salvador combat victorieusement (1), n'était fondée sur aucun texte concluant. Il ne faut pas dire non plus, comme le fait M. Salvador, que la femme d'après la Genèse, était égale à l'homme (2); car, l'idée

(1) *Histoire des Institutions de Moïse et du peuple Hébreu,* t. II, p. 349. — (2) M. Salvador pour soutenir son opinion nous renvoie à la Genèse, et, sans citer de passage, il traduit les versets 21 et 22 du ch. II. Or, il est aisé de démontrer la généreuse erreur de M. Salvador. Les passages de la Genèse sont en effet relatifs à la *création* de la première femme. Mais continuons la lecture du livre sacré ; nous voyons au chap. III, v. 16, que Dieu, après la faute de la femme, lui dit, suivant Moïse : *tu seras sous la puissance de ton mari, et il te dominera* ; ce qui est l'expression réelle des croyances du peuple Hébreu.

de subordination et de dépendance de la femme se trouve dans tous les livres de l'Ancien testament ; elle apparaît également dans la Mischna, recueil fait par le rabbin Juda, sous le règne d'Antonin-le-Pieux, des lois qui régissaient le peuple Hébreu et qui, jusque-là n'avaient été confiées qu'à la mémoire des hommes et à quelques notes des rabbins (1).

Nous avons vu que le mari n'achetait pas sa femme. Il existait cependant chez les Juifs un usage bizarre. Le mari payait à sa femme le prix de sa virginité (2) et la somme, fixée invariablement à cinquante sicles ou deux cents zuzimes (3), formait sa dot. Si le mari donnait une somme moins forte, son union n'était pas considérée comme un mariage, mais comme un concubinage (4). Il lui était au contraire permis de donner davantage, ce qui arrivait presque toujours. C'était donc le mari qui fournissait la *dos virginitatis,* comme disait la formule du contrat de mariage ; et c'était bien une dot, car il ne la donnait pas aux parents de sa femme, mais à celle-ci. Quand nous disons qu'il la *donnait,* nous employons ce mot dans le sens juridique du mot latin *dare ;* le mari transférait la propriété de la

(1) Voir la Mischna traduite en latin par Surenhusius, t. iv, p. 410, et la préface de Maimonide sur ce tome; — Voisin. ch. IX, XII et XIV;— Léon de Modène, 2e part., c. II. — (2) Exode, ch. XXI, v. 10. — (3) Mischna, 5e partie intitulée *De re Uxoriâ,* ch. V; — Selden *Uxor hebraica* (Londini 1646) p. 159; de Pastoret, t. iii, p. 554. — (4) Mischna, *loc. cit.*; Selden p. 162.

dot. Mais cette dot, ainsi que les présents faits à la femme par sa famille, et qui *habituellement* avait peu de valeur, passait dans la possession du mari, et la femme en devenait créancière sur parole (1).

Il résulte de ce que nous venons de voir sur la dot, que la femme juive, à la différence des femmes de la plupart des autres nations de l'Orient, pouvait avoir des biens pendant le mariage. Mais tous ces biens étaient dans la possession de son mari, qui de plus, en avait l'usufruit (2). Il arrivait cependant parfois, que cette possession était une possession de droit plutôt que de fait ; ce qui avait lieu notamment quand le mari était absent. Alors naissait la question de savoir si la femme *qui non possidebat sed erat in possessione*, pouvait aliéner ses biens. Voici ce que nous trouvons à ce sujet dans la Mischna et dans le commentaire de Surenhusius. Si la femme avait vendu pendant le mariage un bien *connu du mari*, celui-ci pouvait en réclamer de suite les fruits aux acheteurs, car ces fruits lui appartenaient ; il ne pouvait pas encore revendiquer le bien, car il ne savait pas s'il lui appartiendrait un jour ; mais dans le cas où la femme mourait pendant le mariage avant le mari, celui-ci devenant alors son héritier (3), la femme se trouvait avoir vendu un bien du mari :

(1) Selden, p. 165, *ut creditum ex ejus fide pendet.* — (2) Selden, p. 360; Mischna, cap. VIII, p. 83. — (3) *Maritus in hereditatem mulieris omnibus aliis anteferendas, et si in thalamum non intraverit,* (Mischna, cap. VIII, p. 83).

aussi pouvait-il le revendiquer, et n'était-il tenu de restituer aux acheteurs le prix d'achat, que si ce prix n'était pas consommé. Voilà pour les biens que le mari connaissait. *Quant à ceux dont il n'avait pas connaissance,* la femme pouvait les aliéner sans que l'acheteur eût à craindre une revendication de la propriété.

Ainsi, les biens compris dans la dot de la femme n'étaient pas inaliénables ; d'un côté, en effet, l'aliénation qu'en aurait faite la femme était valable dans certains cas, et d'un autre côté il est certain que le mari pouvait les aliéner.

Telle était la capacité de la femme juive. Quelques mots maintenant sur sa situation dans la famille. Nous avons vu que le mari ne l'achetait pas ; mais nous avons aussi remarqué que, d'après la Genèse, la femme était soumise à la puissance de son mari. Elle était tenue d'obéir à ses plus petits caprices (1). Elle appelait son mari *seigneur et maître* (2), et remplissait auprès de lui tous les devoirs d'une servante (3). On lit même dans

(1) Cela nous est révélé notamment par l'histoire de Wasthi, femme d'Assuérus. On sait que ce prince la répudia, parce qu'elle avait refusé de se rendre près de lui lorsqu'à la suite d'un festin (*post nimiam potationem*) il l'eut fait appeler pour montrer sa beauté à ses courtisans. Les sages, qu'il avait consultés à cette occasion, lui répondirent que la reine avait manqué à son mari en refusant de se rendre à ses ordres, et que c'était là un exemple pernicieux donné à toutes les femmes (Esther, cap. I, v. 10 et suiv.). — (2) *Adon*, que la Vulgate traduit *Dominus* (Gen. cap. XVIII v. 12); *epist. Petri prima*. Cap. III, v. 6; M. de Pastoret. t. IV, ch. XXII. — (3) *Faciem mariti, manus,*

la Mischna (1), que le mari pouvait la traîner devant les tribunaux si elle ne vaquait pas aux travaux domestiques.

La sanction de la puissance maritale était terrible : le mari pouvait répudier la femme qui lui avait désobéi. Bien plus, il pouvait la répudier si elle lui déplaisait ; car les rabbins ont fini par pousser jusque-là l'interprétation des mots *propter aliquam fœditatem (Deutér.* ch. XXIV, v. 1 et suiv.) (2). Cependant, malgré cet abus, et malgré l'entière subordination de l'épouse, il est bien certain que la femme était beaucoup mieux traitée chez les Juifs que dans la plupart des autres peuples de l'Orient : elle était libre et pouvait être propriétaire.

CHAPITRE VI.

Condition de la femme dans l'ancienne Grèce.

Des différences bien tranchées distinguent les législations grecques de celles des peuples que nous venons de voir, et que les Hellènes appelaient barbares. Tandis qu'Aristote a dit, dans sa Politique (3), avec une grande exactitude d'observation , que chez les barbares la femme et l'esclave étaient des êtres de même ordre, Platon, dont il était le disciple, avait écrit dans sa Ré-

pedes lavabat: poculum ei implebat, ut ministra, quantacunque esset conjugum dignitas, nisi indulgebat maritus, (Selden, p. 364). —(1) *Loc. cit.,* cap. VI. — (2) Voir, pour les détails de cette interprétation M. de Pastoret *loc. cit.* — (3) Liv. I., Chap. Ier, § 5.

publique (liv. V) que la femme était digne de partager l'éducation et les fonctions de l'homme ; et cette idée n'était pas un rêve du philosophe : elle avait produit les lois de Lycurgue.

La civilisation grecque a cependant commencé comme celle des autres peuples : pendant quelque temps les femmes étaient achetées (1) ; mais son mérite incontestable a été de sortir promptement de la barbarie. C'est ainsi que Cécrops, qui a abordé dans l'Attique, vers l'an 1643 avant J.-C., a eu la gloire d'instituer le mariage, qui se répandit si promptement (2), qu'à Sparte, on alla jusqu'à établir des punitions contre les célibataires (3).

En Grèce, les femmes mariées vivaient retirées dans leurs appartements; mais cet isolement était tout différent de celui des femmes asiatiques. Il n'était ni aussi grand, ni de la même nature, ni fondé sur les mêmes causes. La retraite dans laquelle vivaient les femmes grecques n'était pas exigée par la jalousie et l'esprit dominateur des hommes ; elle était la conséquence de la retenue des femmes. Nous trouvons deux preuves irrécusables de ce que nous avançons, dans les deux faits snivants : le premier, c'est que se présenter à la

(1) Aristote Polit. Liv. II, ch. V, § 11.—(2) Joannis Meursii, *Fortuna. Athenarum*, dans le 5e v. du Thesaurus gracarum antiquit. Gronovii (Venitiis, 1732, in-fol.), colonne 1684, E. — Athenæus, 1. XIII ; — Justinus, 1. II.—(5) Nicolaus Cragius, *De Repub. Lacedœm*, dans le vol. 5 du Thesuurus, 1. III, tabula IV, instit. I, col. 2609.

porte extérieure de leur maison eût été pour elles une tache à leur réputation ; le second, c'est qu'elles étaient plus libres quand elles étaient mariées que lorsqu'elles ne l'étaient pas ; et quand elles avaient un enfant, leur liberté était encore plus grande (1). Ces deux faits indiquent bien l'esprit de l'usage qui tenait les femmes enfermées chez elles ; c'est par suite de cette même idée qu'une loi punissait d'une amende, les femmes d'Athènes, qui sortaient trop parées (2).

La dot des femmes s'est d'abord bornée à des présents qu'elles recevaient de leurs époux (3) ; mais bientôt l'usage contraire s'établit, et la dot apportée par la femme forma une des différences de la femme et de la concubine (4). Cette dot d'ailleurs était peu importante. Solon avait défendu aux Athéniennes d'apporter à leurs maris plus de trois robes et de quelques ustensiles ; il ne voulait pas que la richesse déterminât les hommes à prendre des femmes qu'ils n'aimeraient pas, ni que la pauvreté empêchât les femmes de trouver des maris (5). Il permit pourtant à la femme, héri-

(1) Eurip. *Androm.* v.876; Menand. *in Stob. Serm.*72; *Antiquités Grecques* traduites de Robinson (Didot, 1837, 2 v.in-8°), t.ii, p.279, — (2) Meursii *Atticæ lectiones*, vol. cité du Thesaurus, col. 1804.— (3) Aristot. *Polit.* l. II, ch. VIII; Antiq. grecq., t. ii, p. 259 et s.— (4) Euripid. Médée, v. 230. Samuelis Petiti *Leges* Atticæ, (Paris. 1635, in-fol.), L. VI, t. ii, p.450.—(5) Plutarch. *in Solone*; Meursii *Themis Attica* (5 vol. du Thesaurus, p. 1400), l. I, c. XIV; Sam.

tière de son père, mort sans enfants mâles, d'apporter une dot plus grande.

Lycurgue avait été encore plus loin que Solon. Il avait défendu aux hommes de recevoir une dot, quelque minime qu'elle fût (1). Il avait ainsi voulu que la plus grande égalité existât entre les deux conjoints, de telle sorte, que la capacité de la femme fût égale à celle de l'homme (2).

Il n'en fut pas de même à Athènes, où la femme se trouve incapable d'aliéner et de contracter; mais cette incapacité ne fut pas complète : de nombreux documents établissent que la femme pouvait, comme l'enfant, contracter jusqu'à concurrence de la valeur d'un médimne d'orge (3).

Il résulte de ce que nous venons de voir que les législateurs grecs ont été favorables à la femme. Comme ils n'étaient pas animés de l'esprit de domination et de despotisme qui caractérisait ceux des autres nations, les citoyens ne cherchèrent pas à devenir des tyrans domestiques. Ainsi, la condition de la femme Grecque

---

Petitus *loc.cit.*; Ubbonis Emmii *Vetus Græcia* (Lugd. Elzevir. 1626), t. II, p. 592, Démosthènes, *In actione prima contrà Aphobum*, etc. (1) N. Cragius, *Loc cit.*, instit, V. col. 2611; Plutarchi *Apophtegm*; Arist. *Politiq.* l. II; Ælian., *Var. hist.*, l. VI, c. VI; Antiq. grecq. t. I, p. 269, et t. II, p. 259, etc.— (2) N. Cragius, *Loc. citat.*, instit. III, c. 2610; Plutarch. *in Lysand.* l. VI, cap. IV. — (3) Meursii *Themis Attica, loc. cit.*, p.1973; Isæi *Oratio de heredit Aristarchi*; Suidas; Scholiastes *vetus*, etc. — Le *médimne* valait 40 litres.

se rapproche beaucoup de celle qui a été faite à la femme par nos lois modernes ; nous avons donc eu raison d'annoncer en commençant, que les législations de la Grèce se séparaient entièrement de toutes celles que nous avions étudiées jusque-la.

TITRE II.

DROIT ROMAIN.

DU SÉNATUS-CONSULTE VELLÉIEN.

CHAPITRE PRÉLIMINAIRE. — PROLÉGOMÈNES.

Avant de nous occuper du sénatus-consulte Velléien, qui forme la partie de cette thèse relative au Droit romain, il importe d'étudier la condition des femmes romaines, afin de voir le système auquel se rattachait ce sénatus-consulte.

Dès le commencement de sa formation, la société romaine a subi une influence aristocratique et théocratique dont le droit, qui règle les rapports des hommes entre eux, dût se ressentir. Aussi, la *puissance* devint la seule base de la famille et de la cité ; dès lors la femme, les enfants et les esclaves devinrent la propriété du père de famille, qui eut sur eux un droit de vie et de mort,

Les femmes se trouvèrent placées dans une situation spéciale. Celles qui n'étaient pas *alieni juris* furent soumises à une tutelle perpétuelle par une disposition de la loi des douze tables, qui ne fit à cette règle qu'une seule exception en faveur des Vestales, par respect pour le sacerdoce dont elles étaient chargées (1). Quel est le motif d'une telle disposition? Gaïus nous dit que c'est à cause de la faiblesse du sexe (2); ajoutons, à cause de la constitution de la famille.

Le tuteur des femmes, comme celui des impubères, pouvait être de trois sortes : il pouvait être en effet nommé par testament, par la loi ou par les magistrats.

Celui qui avait sur la femme la puissance paternelle ou maritale pouvait écarter la tutelle légale en donnant à la femme un tuteur testamentaire (3). Lorsque le tuteur testamentaire était donné à la femme par le mari, celui-ci pouvait lui permettre de se choisir le tuteur qu'elle voulait (4) et qui prenait alors le nom de tuteur *optif* (5). On comprend tout ce qu'une telle faculté avait d'avantageux pour la femme ; elle choisissait pour tuteur celui qui avait sa confiance et qui lui promettait de faire ses volontés. Aussi les femmes supportèrent cette tutelle, et les jurisconsultes ne cherchèrent pas à la faire disparaître.

Il en fut autrement de la tutelle légitime. Cette tutelle appartenait à l'héritier le plus proche de la femme : aux agnats pour les ingénues (6), aux patrons et à leurs enfants pour les affranchies (7). C'était là une tutelle parfaitement

(1) Gaius, I, § 145. — (2) *Eod.* § 144; Ulpien, f. XI, § 1. — (3) Gaius I, §§ 144 et 148. — (4) *Eod.* § 150. — (5) *Eod.* § 154. — (6) *Eod.* § 157. — (7) *Eod.* § 179.

sérieuse, créée dans l'intérêt des patrons et des agnats que la législation primitive de Rome favorisait en toutes circonstances. Lorsqu'une femme avait le malheur d'avoir un tuteur légitime, elle ne pouvait sans son autorisation ni agir en justice, ni s'obliger, ni aliéner une chose *mancipi* (1). Aussi les jurisconsultes cherchèrent-ils un moyen pour en débarrasser les femmes : ils le trouvèrent dans la *coemptio*. La femme se faisait manciper fictivement par son tuteur ; alors celui qui l'avait reçue *in mancipio* l'affranchissait directement ou la rémancipait à son ancien tuteur pour qu'elle fût affranchie par lui : celui qui l'affranchissait devenait tuteur fiduciaire (2). — Comme cette tutelle était perpétuelle, on permit au tuteur légitime de quitter la tutelle en la cédant *in jure* à un autre (*tutor cessicius*) (3).

Enfin, à défaut de tuteur testamentaire, légitime ou fiduciaire, la femme devait en demander un aux magistrats, en vertu de la loi Atilia pour Rome et Julia et Titia pour les provinces (4).

Ainsi, de ces différentes tutelles, la tutelle la plus gênante pour les femmes était la tutelle légitime, parce que

---

(1) Ulp. f. XI, § 27. — (2) Gaius I, § 195, 114, 166. — (3) *Eod.* § 168 et s. Ce tuteur ne faisait que remplacer le tuteur légitime : s'il mourait, celui-ci reprenait ses fonctions, et si ce dernier mourait le premier, le cessionnaire quittait les siennes. — (4) Gaius I, § 195; Ulp., f. XI, § 18.

le tuteur avait intérêt à remplir sérieusement ses fonctions. Nous avons vu que les jurisconsultes romains avaient fait une brèche à cette tutelle au moyen de la *coemptio* ; mais ce remède était faible, puisqu'il dépendait de la bonne volonté du tuteur lui-même. Différents actes législatifs vinrent frapper des coups plus décisifs.

La première loi qu'on peut citer en ce sens ne date que d'Auguste : c'est la loi PAPIA POPPÆA qui, dans le but de favoriser le mariage et la procréation des enfants dispensa de la tutelle les ingénues qui auraient trois enfants et les affranchies qui en auraient quatre ; c'était ce qu'on appelait le *jus liberorum* (1).

Le S. C. Claudien alla encore plus loin : il débarrassa les ingénues de la tutelle des agnats et ne laissa subsister parmi les tutelles légitimes que celles des ascendants et des patrons (2).

Cette législation se maintint très longtemps, car Gaïus (3) et Ulpien (4) la trouvèrent encore debout. Il est probable cependant que la tutelle avait fini par devenir une affaire de pure forme, lorsque Constantin donna des droits égaux à l'homme et à la femme (5)

Passons maintenant à la femme mariée :

----

(1) Gaius, I, 145. — (2) G. I, 157, 171; Ulp. XI, 8. — (3) G. I. 190. — (4) *Loc. cit.* — (5) *De his qui veniam ætatis,* l. unique au C. Théodos. et L. 2, § 1, au C. de Just.

Comme toutes les femmes, la femme mariée pouvait être *sui* ou *alieni juris*. Si elle était *sui juris*, elle était en tutelle, d'après les règles que nous venons de voir. Lorsque, au contraire elle était *alieni juris*, elle pouvait se trouver dans deux situations : elle était ou bien sous la puissance de son père, ou bien sous celle de son mari. Dans le premier cas, rien de particulier ; la femme mariée se trouvait dans la même position que les autres enfants. Examinons donc seulement l'hypothèse où elle était sous la puissance de son mari.

La puissance maritale correspondant à la puissance paternelle se nommait *manus*. La femme qui était *in manu mariti* passait dans la famille du mari et devenait comme sa fille, de sorte qu'elle devenait civilement la sœur de ses enfants. Or la *manus* ne résultait pas seulement du mariage; il fallait de plus une de ces trois circonstances : l'usage, la *confarréation* ou la *coemption* (1).— 1° L'*usage* (*usus*). La femme qui était restée dans la possession du mari pendant une année sans interruption tombait *in manu mariti* par une sorte d'usucapion. Pour éviter ce résultat, elle devait s'éloigner du domicile conjugal pendant trois nuits de suite. Voilà les dispositions de la loi des 12 tables, telles que nous les a révélées Gaius (I, 111). — 2° la *confarréation (confarreatio* ou *farreum).* C'était une sorte de sacrifice accompagné de paroles solennelles et fait en présence de dix témoins. Il devait son nom au pain de

(1) G. I, 109 et 110.

froment *(farreus panis)* que l'on employait en cette occasion. Ce mode de créer la *manus* était sans doute réservé aux patriciens, car il avait pour effet de rendre les enfants issus du mariage aptes à certaines fonctions sacerdotales (1) ; — 3° La *coemption (coemptio)*. Elle consistait dans une vente fictive de la femme au mari *(coemptionator)* au moyen de la mancipation (2). Ces deux derniers modes produisaient la *manus* du jour du mariage, tandis qu'elle n'existait en vertu du premier qu'un an après l'union des deux conjoints.

La *manus* disparut peu à peu comme la tutelle. L'*usus* fut abrogé le premier ; un peu plus tard la *conferreatio* ne fut employée que pour les *flamines majeurs* (pontifes de Jupiter, de Mars et de Quirinus) ; et, sous Constantin, le mariage devenant religieux et chrétien, cette institution s'effaça complètement ; la *coemptio* demeura seule en usage pendant quelque temps. A l'époque de Justinien rien de tout cela ne subsistait.

Pendant que la tutelle et la *manus* tendaient à disparaître, le pouvoir du mari sur les biens de la femme recevait d'importantes modifications. Le mari avait toujours été considéré en effet comme propriétaire de la dot *(dominus dotis)* ; il pouvait l'hypothéquer, l'aliéner, la donner à son gré, sauf à restituer, après la dissolution du mariage, des objets analogues à ceux qu'il avait reçus. Les jurisconl-

(1) Gaius I, 112. — (2) G. I, 113.

sultes apportèrent une première limitation à ces droits si étendus du mari en l'obligeant à restituer en nature les corps certains non estimés ; mais comme il pouvait toujours les aliéner, c'était là une mesure insuffisante. Auguste le comprit, et la loi JULIA *de adulteriis et de fundo dotali* défendit au mari : 1° d'aliéner les immeubles dotaux situés en Italie, sans le consentement de la femme ; 2° de les hypothéquer même avec ce consentement : ceci peut paraître bizarre au premier abord, car l'hypothèque semble moins dangereuse que l'aliénation, puisqu'elle n'y conduit pas nécessairement ; mais c'est précisément parce que l'aliénation ne résulte pas nécessairement de l'hypothèque, que le législateur a craint que la femme ne se laissât entraîner à cet acte par l'espoir souvent illusoire de dégager un jour son immeuble.

On voit que le but de la *loi Julia* a été d'assurer la restitution de la dot à la femme, et non de la rendre inaliénable, même avec son consentement. Ce dernier résultat a été atteint par Justinien qui a proclamé l'inaliénabilité des immeubles dotaux et qui a changé par là les caractères du régime dotal en créant une incapacité pour la femme.

Quant aux biens paraphernaux ou extradotaux, la femme pouvait en disposer, sans qu'il fût nécessaire d'aucune autorisation (1). Elle pouvait aussi contracter et s'obliger, sauf l'incapacité créée par le sénatus-consulte Velléein que nous allons étudier.

(1) L. 6, *C. De revoc. donat.*

CHAPITRE PREMIER.

Origine et causes de la disposition du SENATUS-CONSULTE VELLEIEN.

Il ne faut pas croire que lorsque les femmes furent affranchies de la tutelle et de la *manus*, elles eurent la même capacité que les hommes. Les Romains ont toujours placé les femmes dans l'incapacité juridique d'exercer des emplois civils (*civilia officia*) ; et c'était là une expression large qu'on étendit de plus en plus. C'est ainsi qu'Ulpien, dans la loi 2 ff. *de regulis juris*, entendit par là que les femmes ne pouvaient ni être juges, ni exercer une magistrature, ni traduire en justice, ni être fondées de pouvoir, ni *intervenir pour autrui*. Or, le sénatus-consulte Velléien est précisément relatif à cette dernière incapacité : il a consacré la jurisprudence qui déclarait les femmes incapables d'intervenir pour autrui.

Comment la jurisprudence romaine en était-elle venue à établir cette incapacité ? Y avait-il quelque loi antérieure au sénatus-consulte ? — Il est bien certain que des édits d'Auguste et de Claude avaient défendu aux femmes d'intervenir *pour leurs maris* (1). Cette prohibition était fondée sur la crainte de l'influence que les maris pourraient exercer sur leurs femmes. C'est par interprétation de ces lois que les jurisconsultes romains finirent par déclarer les femmes incapables d'intervenir pour toute personne, ainsi

(1) L. 2, Pr. ff. *ad S. C. Vellejan.*

que nous l'apprennent les termes du sénatus-consulte (1).

Quel était le motif de cette incapacité? Des textes nombreux nous disent que cette restriction apportée au droit de s'obliger avait été créée à cause de la fragilité du sexe (2). On craignait, dans l'intérêt de la famille que la femme, trop faible pour résister à de puissantes obsessions, ne mît en danger sa fortune (*rem familiarem*) ; voilà pourquoi on lui défendit d'intervenir pour autrui.

Tels sont les motifs et l'origine du sénatus-consulte Velléien qui ne fit que confirmer cette jurisprudence constante. Ce sénatus-consulte doit son nom à Velléius, l'un des deux consuls sous lesquels il a été rendu. On ne sait pas d'une manière précise le nom de l'empereur qui vivait alors ; il est bien certain cependant que le sénatus-consulte n'est pas antérieur au temps de Claude, ni postérieur à Vespasien, puisque le jurisconsulte Cassius, qui est mort sous ce dernier prince (3), le connaissait (4).

Voici maintenant les termes de ce sénatus-consulte qu'Ulpien nous a transmis : « En ce qui concerne les fem-
« mes qui se sont portées cautions, ou qui sont intervenues
« dans des emprunts pour d'autres personnes ; quoiqu'il
« eût déjà été défendu par la jurisprudence de donner con-
« tre elle aucune action tant réelle que personnelle, par-
« ce que ne pouvant pas remplir les fonctions civiles, les

(1) L. 2, § 1, *Eod.* — (2) L. 2, §. 5, 2, 3; *Eod.* etc.; Noodt, t. ii, p. 275; Voet. l. XVI, t. 1; Pothier *land.* ad. S. C. Vel., etc. — (3) L. 2, § 47, ff. *De reg. jur.* — (4) L. 16, § 1, ff. *Ad S. C. Vell.*

« femmes ne pouvaient pas raisonnablement être liées par
« ces obligations, le sénat a déclaré que les juges à qui l'on
« s'adresserait pour prononcer en pareil cas, agiraient sage-
« ment en suivant sur cette matière la volonté du sénat. »

On voit d'après cela que ce que le sénat a défendu aux
femmes, c'est d'intervenir pour autrui, et nullement de s'o-
bliger envers autrui (1). Il faut donc deux circonstances
pour qu'il y ait lieu d'appliquer le sénatus-consulte : 1°
obligation de la femme *ou* de *sa chose* (2); 2° pour autrui.

CHAPITRE II.
En faveur de quelles femmes a disposé le sénatusconsulte.

Le législateur romain a défendu aux femmes *d'intercé-
der* pour autrui à cause de la faiblesse de leur jugement.
Or, il est bien certain que ce motif s'appliquait à toutes
les femmes, mariées ou non. Le sénatusconsulte a toujours parlé des *feminæ*, expression large qui embrasse
tout le sexe, et les jurisconsultes Romains ont employé
indifféremment ce mot ou celui de *mulieres* qui n'a pas
une signification moins étendue (3). Mais il est clair que
la prohibition du S. C. Velléien n'a pu avoir en vue que
les femmes nubiles (*viripotentes*); il ne peut s'agir des
impubères, car on n'a pas besoin d'une loi spéciale pour

(1) L. 10 et l. 15, C. h. t. — (2) Pothier Pand. *Loc. cit.*
Sect. I, art. I, § 1; Cujas t. iv, col. 239. c. D; t. ix, col. 320; —
Doneau, t. iii, p. 7224 ; v iii, p. 269 ; — Noodt. t. ii, p. 276. —
(3) L. 25, § 9, ff. *de auro...*; L. 81, § 1, *de leg.* 5°; L. 15, Pr.
ff. *de verb. signif.*

défendre à celles-ci un acte qu'elles ne peuvent déjà pas faire à cause de l'imperfection de leur âge.

Ainsi, la prohibition d'intervenir pour autrui s'applique à toutes les femmes nubiles (1) ; mais il faut qu'elles soient de bonne foi : le bienfait qu'on leur accorde ne doit pas être pour elles un moyen de tromper les tiers ; c'est ce qui est consacré dans plusieurs textes du Digeste et du code (2).

CHAPITRE III.

Pour quelles personnes défend-il d'intervenir.

Toute intervention suppose nécessairement trois personnes : d'abord celle qui intervient, et ici c'est toujours la femme, directement ou indirectement ; puis deux autres personnes, un débiteur et un créancier entre lesquels elle intervient. Or peu importent la nature et le caractère de celui pour qui la femme est intervenue : que ce soit un homme ou une femme, un parent ou un étranger (3) ; et cependant le législateur aurait pu être arrêté dans la généralité de sa prohibition par cette considération que, lors-

(1) Doneau, t. iii, p. 721-2; Noodt, t. ii, p. 276. — (2) L. 2, § 3, L. 30, ff. *h. t.*; L. 110. § fin. ff. *de reg. jur.*; L. 5 et 11, C. ad S. C. Vell.; Pothier, sect. I, art. II, § 4; Cujas t. v. col. 449, C.; Noodt, t. ii, p. 278, etc. — (3) Voir *pour la personne du débiteur* : Paul. *Sent.* L. II, t. xi; L. 1, pr., L. 25 *ult.*, L. 32, § 5, L. 25 § 4, ff. *ad S. C. Vell.*; L. 3, L. 6, § 1, L. 8, L. 11, C. *h. t.* — *Pour la personne du créancier* : L. 27, § 1, ff. *h. t.* L. 1 et 3, C. *si mater indemn. promisit.* — V. aussi Pothier, sect. I, art. I, § 3 et 4; Noodt, t. ii, p. 277.

que la femme intercède pour une autre femme, pour un parent ou pour son mari, elle fait un acte plus honnête, plus convenable que lorsqu'elle intervient pour un homme ou pour une personne étrangère : mais il a bientôt pensé que plus l'intervention aurait pu paraître aux femmes convenable et honnête, plus elles s'y seraient laissé entraîner ; il en a conclu que, pour remplir le but qu'il s'était proposé, et pour soustraire la femme aux influences dangereuses qu'il craignait pour elle, il fallait une disposition parfaitement générale.

Ainsi le Sénatus Consulte a défendu aux femmes d'intervenir pour autrui, quelles que soient les personnes pour lesquelles l'intervention aurait lieu. Mais il faut nécessairement que les personnes du débiteur et du créancier soient distinctes de la femme qui intervient ; car, si celle-ci se confondait avec l'une ou avec l'autre, par son intercession elle ferait sa propre affaire et non celle d'autrui, et alors le S. C. Velléien cesserait de s'appliquer (1). Pour bien comprendre cela, il faut voir quelques exemples qui nous sont fournis par les jurisconsultes Romains.

Si une femme accepte l'hérédité d'une personne et se charge d'en payer les dettes, on ne peut pas dire que le sénatus-consulte doive lui prêter secours, à moins qu'elle ne se soit laissé entraîner dans l'acceptation de la succes-

____

(1) Pothier, sect. I, art. II, § 2 et 3; — Cujas, t. iv, col. 937, E. et t. v. col. 449. B; — L. 21, Pr. ff. *h. t.*; —Noodt, t. ii, p. 276.

sion par les manœuvres frauduleuses des créanciers (L. 32, Pr. ff. *h. t.*). Le S.-C. en effet ne protége que la femme qui intervient en faveur d'un autre, et non celle qui fait sa propre affaire.

Un autre exemple se trouve dans la loi 5. Elle suppose qu'une femme achète d'un héritier une succession. Si cet héritier a été obligé de payer quelque chose aux créanciers héréditaires, la femme lui en devra la restitution par la stipulation de la vente. Lors donc que la femme prend sa défense, elle s'oblige dans sa propre affaire, puisque, s'il était condamné, il aurait un recours contre elle (1).

De même, si une femme s'est obligée envers le créancier de son propre créancier, ou si elle a consenti à être déléguée par celui-ci au premier, il n'y a pas lieu au sénatus-consulte, car elle n'a fait par là que payer sa propre dette; elle a donc fait sa propre affaire, et nullement celle d'un autre (2). Il en serait tout autrement si la femme qui a été déléguée comme débitrice ne devait rien en réalité. Africanus nous donne à ce sujet une espèce remarquable (3). Il suppose qu'un mari, pour faire une donation à sa femme, lui a vendu un de ses biens à vil prix et a délégué le prix de cette vente à son créancier. Or la donation entre époux étant nulle, cette vente l'est aussi, et par conséquent la femme n'en doit pas le prix; mais si elle ne doit pas le

(1) La loi 15, Pr. fournit des exemples analogues. — (2) L. 2, C. *h. t.*; L. 24, pr. ff. *h. t.* — V. aussi L. 22 et 27, § 2, *Eod.*; L. 6, pr. C. *h. t.* — (3) L. 17, ff. *n. t.*

prix , en se laissant déléguer pour ce prix aux créanciers de son mari elle a promis ce qu'elle ne devait pas, et par suite elle s'est obligée non pour elle, mais pour son mari. Il en résulte que, si le créancier de son mari vient à l'attaquer, elle pourra lui répondre par l'exception du sénatusconsulte ; car elle est réellement intervenue pour un autre et en faveur d'un autre.

CHAPITRE IV.

A quelles obligations s'applique le S.C. Velléiein.

Le sénatusconsulte vient au secours de la femme pour *toutes* les obligations qu'elle a contractées dans l'intérêt d'autrui. Le § 4 de la loi 2 est aussi général que possible : *omnis omninò obligatio*, dit-il, S.-C° *Vellejano comprehenditur*, et il ajoute que peu importe de quelle manière l'intervention a eu lieu : *sive verbis, sive re, quocumque alio contractu intercesserint.....* Ainsi, toute obligation contractée par la femme dans l'intérêt d'autrui est frappée par le sénatusconsulte. Cela est aussi vrai des obligations naturelles que des obligations civiles , à la différence du S. C. Macédonien qui ne s'applique qu'à ces dernières obligations (1).

Les jurisconsultes divisent les intercessions en deux grandes classes, suivant que la femme se charge d'une

____

(1) Cujas, t. vi, col. 595, A.

obligation *ancienne* ou d'une obligation *nouvelle* (1).
Nous suivrons également cette division qui nous paraît
bonne, et qui est indiquée dans les termes mêmes du S. C.
par ces mots : *quod ad fide jussiones et mensui datio-*
nes (2).

SECTION I.

Dans quels cas la femme intervient-elle en se chargeant
d'une obligation *ancienne* ?

Toutes les fois que la femme se charge d'une obligation
qui avait été déjà contractée par un autre, on dit qu'elle
se charge d'une obligation ancienne. Or, cela peut avoir
lieu de deux manières : ou bien la femme participe à l'o-
bligation, ou bien elle la transporte sur elle-même.

§ I. — *La femme participe à l'obligation* dans trois
cas : 1° Quand elle se porte *caution;* 2° Quand elle fait un
constitut; 3° Quand elle donne un *gage.*

1° La femme se porte *caution.* — Supposons que Primus soit débiteur de Secundus ; si Tertia se porte caution
auprès de S. pour P., il est clair qu'elle intervient pour
autrui. Lors donc que S. agira contre elle par la *condictio*
ou par l'action *ex stipulatu* elle pourra invoquer l'exception du S. C. Velléien. Il en sera de même, si au lieu de se

____

(1) L. 8, § 1. ff. *h. t.*; L. 18, C. *h. t.* etc. — (2) L. 2, § 1 ff. h. t.

porter caution elle-même, la femme donne à quelqu'un mandat de cautionner un autre (1).

2° La femme fait un *constitut*. — Supposons toujours que Primus soit débiteur de Secundus ; si Tertia promet par simple pacte de payer cette dette *préexistante*, S. pourra agir contre elle par l'action *du pecunia constituta*. Mais comme il est clair que la femme est intervenue pour P. en faveur de S., elle sera protégée par l'exception du S.-C. Velléien (2).

3° La femme donne un *gage*. — Cette hypothèse n'offre pas plus de difficulté que les deux premières. Supposons que P. veuille emprunter de l'argent de S. ; celui-ci y consent à condition que Tertia engagera un fonds au paiement de la dette. Si cette femme s'y prête, elle sera intervenue pour autrui, et sera protégée par le sénatusconsulte.

Les termes mêmes du sénatus-consulte font allusion à ce dernier cas dans les mots PETITIO *neve in eas actio* ; le mot *petitio*, qui indique une action réelle, ne peut s'expliquer que dans l'hypothèse du gage. Julien dit, en effet, dans la loi 39, § 1, ff. *De rei vindicatione*, que la femme pourra toujours revendiquer le fonds de terre qu'elle a engagé pour un autre, malgré la vente qu'en aurait faite le créancier. La loi 7 C. *nost. tit.* contient là même décision. Ainsi la femme ne peut pas plus obliger ses biens pour au-

____

(1) **L.** 6, 7, 30, § 1, ff. *h. t.*; — L. 15, C. *h. t.* — (2) L. 1, § 1., ff. *De pecunia constituta*.

trui qu'elle ne peut s'obliger elle-même dans la même condition.

§ II. *La femme transporte sur elle-même une obligation préexistante* au moyen de la novation ou en prenant
devant le juge la défense d'un débiteur.

1° *Novation.* — La novation est l'extinction d'une
obligation par une autre (1). Elle peut s'opérer de quatre
manières : 1° par le changement de la dette ; 2° par le
changement du créancier ; 3° par le changement du débiteur ; 4° par le changement du créancier et du débiteur à
la fois.

Le premier cas ne peut évidemment donner lieu à aucune intercession.

Que faut-il dire de la novation par le changement du
créancier ? Supposons qu'une femme, pour débarrasser un
débiteur d'un créancier exigeant, ou pour tout autre motif,
ait payé celui-ci en se faisant céder ses actions : elle devient
créancière elle-même au moyen de la novation. Y a-t-il ici
intercession dans le sens du S. C. Velléien ? Il semble d'a-
bord que oui. Mais remarquons que la femme ne s'est pas
obligée : elle n'a fait que payer le créancier ; or nous verrons dans le chapitre suivant que le S. C. ne défend pas à
la femme de payer pour autrui ; donc il n'y a pas d'intercession défendue par le sénatusconsulte.

Il en est tout autrement lorsque la novation a lieu par

(1) L. 1, pr. ff. *De novat. et deleg.*

le changement du débiteur. Supposons en effet que Primus soit débiteur de Secundus ; Tertia va trouver le créancier et lui dit : Voulez-vous m'accepter à la place de P. ? Si S. accepte, il y a *expromission*, car la novation s'opère sans le concours de P.—Si Tertia est amenée auprès de S. par P. et que S. accepte la femme à la place de son ancien débiteur, il y a délégation. — Or dans ces deux cas, il y a sans nul doute intervention de la femme, et intervention contraire au S.C. Si donc le créancier venait à agir contre la femme en vertu de sa stipulation, celle-ci pourrait invoquer le sénatusconsulte (1).

2° *La femme prend en justice la défense d'un débiteur.* Elle fait une intercession qui a beaucoup de rapports avec celle qui résulte d'une expromission ou d'une délégation (2). Cet acte a en effet pour conséquence de transporter sur la femme l'obligation du débiteur dans le cas de condamnation (3) ; il y a donc lieu d'appliquer la disposition du S. C. Velléien.

SECTION II.

Dans quels cas la femme intervient en se chargeant
d'une obligation *nouvelle*.

Cela a lieu dans deux cas : 1° lorsque la femme donne *mandat* à une personne de prêter de l'argent à une autre ; 2° lorsqu'elle intervient dans un *mutuum*.

____

(1) L. 16, C. *h. t.* et argument de la L. 24, pr. et § 1, ff. *h. t.*— (2) Noodt, t. 11, p. 275.— (3) L. 2, § 5, L. 23, ff. *h. t.*

§ I. *Mandat.* — Primus a besoin d'argent pour payer son créancier Secundus ou pour toute autre chose ; il va trouver Tertia et lui demande de lui prêter de l'argent. Si celle-ci y consent, elle agit valablement : il n'y a pas d'intercession. Mais si au lieu de lui prêter elle-même, elle va trouver Quartus et lui donne mandat de prêter à Primus l'argent qu'il lui a demandé ; il y a alors intercession, car elle s'est obligée envers Quartus par le mandat. Lors donc que Quartus agira contre elle pour se faire rembourser de la somme prêtée à Primus , Tertia pourra lui répondre par l'exception du S. C. Velléien.

§ II. *Mutuum.* — Cette espèce d'intercession est prévue dans les termes mêmes du sénatusconsulte (*mutui dationes*). Nous venons de voir que le S. C. ne met pas d'obstacles à ce que la femme prête de l'argent à quelqu'un par le *mutuum*. Ce n'est donc pas là ce qu'il faut supposer pour trouver une intervention. Il faut supposer que Primus ayant besoin d'argent va en demander à Secundus. Si S. comptait l'argent à P., celui-ci se trouverait obligé par le mutuum ; au lieu de cela, Tertia s'interpose et reçoit l'argent qu'elle donne ensuite à P. : c'est elle qui va se trouver obligée vis-à-vis de S. L'intervention est évidente, et lorsque S. agira contre elle par la *condictio certi* pour obtenir le remboursement de la somme, elle pourra se défendre par l'exception du S.-C.

Dans cette hypothèse du *mutuum* comme dans celle du *mandat* il y a obligation nouvelle. Cela n'a pas besoin d'être démontré pour le cas du mandat. Cela devient tout aussi certain pour le *mutuum* si l'on réfléchit que Primus n'est nullement obligé en vertu de ce contrat vis-à-vis de Secundus : dès lors il n'y a pas une obligation préexistante ; l'obligation contractée par la femme vis-à-vis de S. par l'acceptation de la somme est donc une obligation nouvelle, qui rentre dans la sect. II de notre chapitre.

CHAPITRE V.

A quelles choses le Sénatusconsulte ne s'applique-t-il point ?

Nous venons de voir dans le chapitre précédent que le sénatusconsulte s'applique à toute obligation contractée par la femme pour autrui ; mais il ne s'étend qu'aux obligations. De plus, il y a quelques obligations auxquelles il ne s'applique pas, ce qui constitue des exceptions à la règle qui défend aux femmes d'intervenir pour autrui. Tout cela fera l'objet de deux sections.

Section I.

Le Sénatusconsulte Velléien ne s'étend qu'aux obligations.

Plusieurs conséquences découlent de ce principe ainsi formulé.

1° Lorsqu'une femme a payé pour autrui une somme

d'argent, sans s'être obligée auparavant à le faire, le S.C. ne vient pas à son aide (1). Nous trouvons un exemple de cette conséquence dans la 2ᵉ partie du § 1 de la loi 4 ff. h. t. Ulpien dit que si une femme a payé au créancier de Titius ce que celui-ci lui devait, il n'y a point d'intervention, puisque la femme ne s'est pas obligée. Le jurisconsulte suppose dans cette espèce que la femme a voulu faire une donation à Titius ; mais cela n'est point nécessaire ; la décision serait la même, quel que fût le dessein de la femme.

2° Il faut dire avec Gaïus (2) que le S.C. ne s'applique pas lorsqu'au lieu d'un paiement la femme a fait une dation en paiement ; car la femme ne s'est pas obligée par cet acte.

3° Il en est de même des aliénations faites par la femme. Ainsi, lorsqu'une femme a délégué un de ses débiteurs, elle a agi valablement et ne pourra pas invoquer le s.-c. Velléien, dont le but n'est pas d'empêcher les aliénations de la femme, mais les obligations qu'elle pourrait contracter pour autrui (3).

4° La même solution doit être donnée quand la femme a fait une donation à quelqu'un. Le jurisconsulte Ulpien a formulé cette régle dans la loi 4, § 1, et nous en trouvons des applications dans les lois 21, § 1, ff., 12 C. (h. t.), etc.

On peut s'étonner au premier abord que le S.C. Velléien

(1) L. 1, C. h. t. — (2) L. 5, ff. h. t. — (3) L. 8, § 5, *eod.*—V. aussi L. 8, pr. *eod.*; L. 4 et 11, C. h. t.

n'ait pas frappé les actes que nous venons de voir dans cette section comme les obligations contractées par les femmes pour autrui. Il semble, en effet, que ces actes soient encore plus nuisibles à la femme que ceux du chapitre IV; car il peut se faire, par exemple, que la femme qui cautionne un débiteur ne perde rien, si ce débiteur est solvable; tandis que celle qui aliène un bien, celle surtout qui fait une donation à une autre personne, perd toujours quelque chose. Mais Ulpien (l. 4, § 1, ff.) nous explique cette difficulté apparente. Il nous dit que le S.C. va au secours de la femme *qui s'oblige* et non de celle qui *donne*, parce qu'on s'oblige plus facilement qu'on ne donne. L'espoir même qu'on a, en s'obligeant pour autrui, de ne pas perdre, espoir souvent trompé, fait que l'on s'oblige aisément; lorsqu'au contraire il s'agit de donner, on sait bien ce que l'on fait, et l'on réfléchit davantage. C'est ce que les jurisconsultes romains avaient parfaitement compris; aussi, on voit en les étudiant qu'ils ont toujours eu soin de prohiber les actes qu'on est porté à faire facilement, parce qu'on n'en voit pas immédiatement le danger; tandis qu'ils ont permis d'autres actes plus nuisibles, mais devant lesquels on recule à cause du mal actuel qu'ils produisent.

Section I.
Exceptions apportées au Senatus Consulte Velléien.

Quatre exceptions ont été faites au s.-c. Velléien, dans des circonstances très favorables.

1re *Exception*. — Nous trouvons cette première exception dans la loi 12, ff. *de Minor. 25 annis*. Gaïus suppose qu'un mineur est créancier, et qu'une femme intervient pour son débiteur. Si celui-ci est solvable, rien de plus simple : la femme opposera au mineur l'exception du sénatusconsulte, et le mineur aura contre celui pour qui il est intervenu l'action restitutoire. Mais si le débiteur est insolvable, on se trouve en présence de deux intérêts contraires et également dignes de faveur : celui du mineur et celui de la femme ; et comme il faut nécessairement donner la préférence à l'un des deux, Gaïus se décide en faveur de celui du mineur, et enlève à la femme le droit de se prévaloir de l'exception du sénatusconsulte.

2e *Exception*. — Les empereurs Valérien et Gallien avaient décidé que la femme qui engagerait ses biens à son gendre pour doter *sa fille* ne pourrait pas invoquer le bienfait du sénatusconsulte ; les termes mêmes de cette décision impériale disent que les empereurs n'avaient fait que confirmer la jurisprudence (1). — Justinien fut encore plus favorable aux dots (2) : il déclara que le S. C. Velléien ne s'appliquerait jamais lorsqu'une femme aurait promis ou garanti une dot pour une *femme quelconque*. Cette disposition est plus large que celle des empereurs Valérien et Gallien, puisque ceux-ci n'avaient parlé que de la dot promise par une mère à sa fille.

(1) L. 12, C. *h. t.* — (2) L. 25 *Eod.*

3ᵉ *Exception*. — Une troisième dérogation au sénatus-consulte a été faite par Justinien dans l'intérêt des affranchissemens que ce prince a favorisés en toute occasion. Il a décidé que lorsqu'une femme, pour obtenir de quelqu'un l'affranchissement d'un esclave, lui aurait promis une somme d'argent, ou se serait portée caution pour cet esclave, elle ne pourrait pas invoquer le S. C. Velléien et serait obligée d'accomplir son obligation (1).

4ᵉ *Exception*. — Justinien a enfin apporté au S. C. Velléien une quatrième exception (2); il a déclaré que lorsque la femme aura reçu une somme d'argent comme prix de son intervention, elle sera tenue d'accomplir son obligation. Dans ce cas, en effet, d'un côté l'intervention de la femme est justifiée parce qu'elle offre moins de dangers, et de l'autre, la femme ferait un profit si elle pouvait invoquer l'exception.

CHAPITRE VI.

Le Sénatusconsulte Velléien peut-il être invoqué contre un créancier de bonne foi?

Le jurisconsulte Paul a posé nettement le principe dans la loi 12 ff *h. t.* en ces termes : « *Imò tunc locus est senatusconsulto, cùm scit creditor eam intercedere.* » *Il n'y a lieu au sénatusconsulte que lorsque le créancier sait que la femme est intervenue.* Cette règle est juste, car la bonne foi doit toujours être protégée ; elle est de plus

(1) L. 24, *Eod.* — (2) L. 25, *Eod.*

utile à la femme, parce que sans cela personne ne voudrait contracter avec elle.

Il importe maintenant de voir comment ce principe est appliqué dans les textes.

Si une femme, pour ne pas intervenir elle-même, a donné à quelqu'un mandat de le faire, ce mandataire peut-il opposer l'exception du S.C. Velleien ? Le doute peut naître de ce que le sénatusconsulte ne parle que de la femme et non de son mandataire. Voici comment Pomponius résout la question (1). Il distingue deux cas : Si le créancier envers qui le mandataire s'est obligé a su que celui-ci a agi d'après l'ordre de la femme, le jurisconsulte décide qu'il y a lieu au sénatusconsulte. Si, au contraire, le créancier a ignoré cette faute, il dit que le mandataire sera tenu vis-à-vis de ce créancier qui pourra répondre à l'exception tirée du sénatusconsulte par la réplique du dol. Pomponius examine ensuite à la charge de qui l'obligation restera en dernier : sera-ce à la charge du mandataire ? Sera-ce au contraire à la charge de la femme ? Or, il pense que si le mandataire a su qu'il contrevenait à la disposition du sénatusconsulte, il devra supporter les suites de sa faute, et qu'en conséquence il ne pourra pas agir contre la femme par l'action du mandat ; mais que si le mandataire a été de bonne foi, il pourra répéter contre la femme ce qu'il aura payé au créancier.

Il suit de ce que nous venons de voir, que c'est du cas

(1) L. 32, § 3, ff. *h. t.*

où le créancier a été de mauvaise foi qu'il faut entendre ce que dit Paul (1), que si un procureur est intervenu pour une autre personne en vertu du mandat d'une femme, il est secouru par l'exception du s.-c. Velléien.

Mais il ne suffit pas que le préteur ait ignoré l'intervention de la femme au moment où il a stipulé avec elle, pour qu'il ne soit pas frappé par le sénatusconsulte, il faut encore qu'il n'en ait pas eu connaissance au moment où il en a compté les deniers. C'est ce qui est écrit dans la loi 19, § 5, ff *h. t.*

CHAPITRE VII.

Des effets du sénatusconsulte.

Le s.-c. Velléien produit deux effets exprimés tous deux dans la loi 16, C. *h. t.* Le premier est d'infirmer l'obligation de la femme ; le second, de donner une action contre le débiteur pour lequel la femme est intervenue. Ces deux effets feront l'objet des deux sections.

Section I.

Du premier effet du Senatusconsulte.

Le *sénat* n'a pas voulu défendre directement aux femmes d'intervenir pour autrui ; il n'a donc pas déclaré nulles les interventions qui auraient été faite contre son vœu ; il a seulement dit qu'il n'était pas juste que les femmes fussent liées par ces obligations, et en conséquence il a au-

(1) L. 30, § 1, ff. *h. t.*

torisé le Préteur à donner à la femme une exception pour qu'elle pût repousser l'action du créancier.

Cette exception est aussi donnée aux héritiers de la femme (1). Mais, est-elle donnée à ses fidéjusseurs ? Le doute pouvait naître de ces paroles du sénatus-consulte : *ne ex nomine* AB HIS *petitio neve in* EAS *actio detur*. On pouvait dire, d'après ces paroles, que le sénat n'a voulu aller qu'au secours des femmes pour protéger leur patrimoine, et que dès lors il ne fallait accorder l'exception qu'à elles-mêmes ou à leurs héritiers. On a cependant facilement admis l'exception en faveur des garants de la femme par ce motif, que le garant qui aurait payé le créancier recourrait contre la femme par l'action du mandat ; or, ce recours rendrait illusoire le bienfait du sénatusconsulte, de sorte que donner l'exception au garant c'est en réalité la donner à la femme (2).

Que faut-il décider, si la femme qui pouvait opposer au créancier l'exception du sénatusconsulte, ne l'a pas fait et a exécuté son obligation ? — Elle peut alors prendre deux partis. Elle peut d'abord exercer contre le créancier une *condictio* pour répéter ce qu'elle a payé (3). Mais au lieu d'agir ainsi, elle peut intenter l'action du mandat contre le débiteur (4) ; seulement, dans ce cas, elle devra lui donner caution pour le garantir des poursuites qu'il pourrait

(1) L. 20, C. *h. t.* — (2) L. 14, *Eod*; L. 8, § 4; L. 16, § 1, ff. *h. t.* — (3) L. 8, § 3, L. 9, C. *h. t.* — (4) L. 31, ff. *h. t.*

éprouver de la part du créancier, celui-ci voulant peut-être l'actionner à l'effet de faire revivre sa première obligation, dont la novation a eu lieu contre le vœu de sénatusconsulte (1).

La femme a aussi une action pour reprendre la chose qu'elle a donnée en gage par intervention. Les textes lui donnent dans ce cas la revendication qu'elle peut exercer tant contre le créancier que contre les acquéreurs dont la condition ne peut pas être meilleure que celle de leur vendeur (2). Il est bien entendu que la femme qui exerce la revendication n'a pas besoin de rembourser à l'acquéreur le prix qu'il a payé.

Nous avons vu au commencement de cette section que le sénatusconsulte n'a pas annulé de plein droit les interventions des femmes pour autrui et qu'il a seulement autorisé le Préteur à leur accorder une exception. Or, Justinien a annulé de plein droit ces interventions dans deux cas : le premier est celui de la loi 23, § 2 au Code ; le second est celui du chapitre 8 de la novelle 134.

Premier cas.—La disposition générale de la loi 23 a été déjà vue à la fin du chap. V. On se rappelle que Justinien a voulu que la femme ne pût pas invoquer le secours du sénatusconsulte, lorsque, soit avant d'intervenir, soit après être intervenue, elle aurait reçu de l'argent pour

(1) Pothier, Sect. II, art. I, § 1. — (2) L. 32, § 1, ff. *h. t.* et l. 175, § 1, ff. *De reg. juris.*

prix de son intervention. Nous avons observé en donnant
ce sens du commencement de la L. 23, qu'elle constituait
une dérogation au sénatusconsulte ; or, le § 2 de cette
même loi y a posé une condition : il a exigé en effet que
l'intervention de la femme fût rédigée dans un acte public
signé de trois témoins, et il a déclaré que toutes les fois
que cette formalité ne serait pas remplie, l'obligation contractée serait tellement *nulle* que la femme n'aurait pas
besoin de l'exception du S.C. Velléien. Cette innovation
de Justinien constitue le premier cas dans lequel l'obligation contractée par la femme pour autrui est nulle de plein
droit.

Le second cas se trouve dans le chap. 8 de la Novelle
134 ; nous l'examinerons dans le chapitre suivant.

SECTION II.
Du second effet du Sénatusconsulte.

Après être venus au secours de la femme, les auteurs
du sénatusconsulte ont dû songer à la position du créancier qui ne doit pas être victime de la protection accordée
à la femme. C'est là le motif du second effet du sénatusconsulte. Il s'agit donc de voir dans cette question comment la loi a sauvegardé les intérêts du créancier. — Or,
il faut distinguer quelle est l'espèce d'obligation contractée
par la femme : son intervention se réfère-t-elle à une obligation nouvelle ou bien à une obligation ancienne ? Si la
femme est intervenue dans une obligation ancienne, il n'y
a qu'à restituer l'action du créancier contre l'ancien débi-

teur. Si, au contraire la femme a contracté pour autrui une obligation nouvelle, la femme venant à disparaître, le créancier ne se trouve vis-à-vis d'aucun débiteur ; il faut donc lui donner une action contre celui pour qui la femme est intervenue. Ces résultats, qui sont si simples et si naturels, ont été adoptés par les jurisconsultes romains ; nous allons les examiner dans deux articles.

ART. I. Du second effet du s.-c. Velléien, quand la femme est intervenue dans une obligation *ancienne*.

Quand la femme, qui est intervenue dans une obligation déjà contractée par un autre débiteur, a repoussé l'action du créancier par l'exception tirée du sénatusconsulte, le créancier se trouve en présence de celui pour lequel la femme est intervenue. Cette personne, après que la femme est écartée, se trouve être la débitrice ou l'ancienne débitrice du créancier de la femme : elle est sa débitrice si la femme est intervenue dans une obligation ancienne en y participant ; elle n'est que son ancienne débitrice si la femme est intervenue en transportant son obligation sur elle-même.

§ I. Du second effet du Sénatus-consulte quand la femme est intervenue dans une obligation ancienne en y *participant*.

Dans ce premier cas, la femme étant une fois écartée, en vertu du premier effet du sénatusconsulte, le créancier peut encore agir contre celui pour qui elle est intervenue, car celui-ci est son débiteur. Prenons un exemple (1): Il a été convenu avec le débiteur qu'il fournirait un garant, et ce débiteur a donné pour caution une femme pouvant invoquer le privilége du sénatusconsulte. Lorsque la femme aura repoussé l'action du créancier, il va de soi que celui-ci agisse contre son débiteur pour lui demander le paiement de sa dette. Mais il y a plus : il pourra exercer contre lui la *condictio ob rem dati re non secuta*, parce que donner une caution inutile, c'est la même chose que n'en pas donner (2). L'action utile ne sera donc pas nécessaire au créancier puisqu'il aura la condiction.

Ce résultat est facile à comprendre ; il n'est pas nécessaire de s'y arrêter plus longtemps.

§ II. Du second effet du sénatusconsulte quand la femme est intervenue pour autrui *en transportant sur elle-même* une obligation ancienne.

Lorsque la femme transporte sur elle une obligation qui était contractée par une autre personne, dans le but d'intervenir, l'ancien débiteur se trouve libéré. Mais le créancier, repoussé du côté de la femme par le S.-C. Velléien, pourra se retourner contre son ancien débiteur (3) et exercer à son égard l'action *utile* que lui donne le Préteur après avoir rescindé la novation. Voilà la véritable action *restitutoire*, ainsi nommée parce qu'on restitue contre l'ancien débiteur une action qui était éteinte.

(1) L. 8, § 8, ff. *h. t.* — (2) L. 6, ff. *qui satisd. cog.* — (3) L. 8, § 7, ff. *h. t.*

I. *A qui et contre qui donne-t-on l'action restitutoire ?* — L'action restitutoire est donnée au créancier en faveur duquel la femme est intervenue; mais à celui-là seul. Si, par exemple, on suppose plusieurs créanciers, et que la femme soit intervenue en faveur de l'un d'eux, l'obligation ne sera restituée qu'à celui pour qui la femme est intervenue, parce que lui seul avait perdu l'obligation (1).

Mais cette action est donnée contre tous les anciens débiteurs, quand même la femme ne serait intervenue que pour un seul d'entre eux (2), parce que l'intercession de la femme les avait tous libérés. Cela explique la loi 9 qui dit que si une femme est intervenue pour un esclave appartenant à autrui, l'action est restituée contre le maître, comme elle l'eût été contre le père de famille.

L'action est aussi restituée contre les cautions de l'ancien débiteur (3), parce que la nature de la restitution est de remettre la cause de son premier état (4).

L'action restitutoire étant une action persécutoire de la la chose, elle est donnée à perpétuité aux héritiers du créancier et contre les héritiers de l'ancien débiteur (5). Si donc la femme qui est intervenue devenait elle-même héritière du débiteur, l'action restitutoire passerait contre elle. Il y a toutefois ceci de spécial à cette hypothèse, que si le créancier exerçait contre elle l'action *directe* au lieu d'exercer l'action restitutoire, il ne pourrait pas être re-

(1) L. 8 § 11, ff. *h. t.* — (2) L. 20 ff. *eod.* — (3) L. 14, *eod.* — (4) Lois 22, 35, 75, 81, 246, § 1, ff. *de verb. signif.* — (5) L. 10, ff. *h. t.*

poussé par l'exception tirée du sénatusconsulte , puisque la femme serait sans intérêt à l'opposer.

II. — *A partir de quelle époque l'action restitutoire peut-elle être exercée?* — Elle peut s'exercer sur-le-champ, même avant l'accomplissement de la condition sous laquelle la femme a promis. A quoi bon, en effet, attendre une condition dont l'événement n'aurait aucun effet (1) ?

En sens inverse, l'action peut être exercée même après que la femme qui a payé a intenté la condiction pour se faire rembourser (2), ou après que le créancier lui a fait remise de son obligation (3). Mais il est clair que si le créancier avait fait cette remise à une femme qui , si elle avait payé, ne pourrait rien répéter parce que, par exemple, la somme aurait tourné à son profit, l'action restitutoire ne pourrait pas être intentée ; et il en serait de même, si la femme avait payé le créancier, sachant bien qu'elle pouvait se dispenser de le faire, car alors elle ne pourrait pas exercer la condiction (4).

III. — *En quel état l'action est-elle restituée?* — Nous avons vu au n° 1 de notre § que la nature de la restitution était de remettre la cause dans son premier état. Il faut en tirer cette conséquence que l'action est restituée contre les anciens débiteurs telle qu'elle existait avant l'intervention de la femme. Si donc une femme est intervenue pour celui qui était soumis à une action *temporaire*, on restituera

(1) L. 13, § 2, ff. *h. t.* — (2) L. 24, § 2, *eod.* — (3) L. 8, § 9, *eod.* — (4) L. 8, § 10, *eod.*

l'action *temporaire* de manière cependant que le temps coure à compter de sa date originaire, puisque le créancier n'a pas cessé de pouvoir agir contre le premier débiteur, non plus à la vérité en vertu de l'ancienne action, mais en vertu de l'action restitutoire.

Lorsque des personnes de l'un ou de l'autre sexe se sont obligées pour quelqu'un, on ne restitue l'action contre cet ancien débiteur que pour la portion de l'obligation dont les femmes se sont chargées; quant à la portion de l'obligation contractée par les hommes, on ne la restituera pas contre le débiteur, puisque leur acte a été valable.

IV.— *Est-il besoin de restitution pour les gages de la première obligation?* — En ce qui concerne les gages qui garantissaient l'ancienne dette du débiteur, le créancier n'a pas besoin d'une nouvelle action. Le gage en effet dure jusqu'à ce que le créancier soit satisfait ; or, il n'est pas censé satisfait pour avoir accepté l'intervention d'une femme, puisque le sénatusconsulte l'infirme. Le créancier peut dès lors exercer contre le débiteur l'action *quasi-Ser-vienne* on hypothécaire. Il n'a donc pas plus besoin ici de l'action restitutoire qu'il n'en avait dans les hypothèses du § 1.

Art. 2. Second effet du sénatusconsulte quand la femme a contracté une obligation *nouvelle*.

Lorsqu'une femme a contracté pour autrui une obliga-tion nouvelle, elle peut, en vertu du premier effet du sénatusconsulte, repousser l'action de son créancier par une exception. Supposons, par exemple, qu'au moment où Primus allait emprunter une somme d'argent de Secundus, une femme soit intervenue et qu'elle ait touché la somme pour être obligée à la place de P., à qui, d'ailleurs, elle l'a remise : quand S. exercera contre elle la condiction pour réclamer l'argent prêté, elle pourra le repousser par l'exception tirée du S.-C. Velléien. Or, il est clair que si l'on s'arrêtait là, le créancier perdrait la somme qu'il a prêtée, et que S., pour qui la femme a contracté, ferait un bénéfice. Pour éviter ce résultat fâcheux, les jurisconsultes romains ont donné au créancier une action contre la personne pour laquelle la femme est intervenue (1); et comme cette action crée une obligation, les commentateurs lui ont donné le nom d'action *institutoire*, par opposition à l'action *restitutoire*, qui fait revivre une obligation, et dont nous nous sommes occupé dans l'article 1.

L'action institutoire a pour objet de faire tenir celui pour qui la femme s'est obligée de la même obligation qu'aurait supportée la femme, si elle avait contracté pour elle-même (2). Toutefois, si la femme était intervenue pour une personne qui n'aurait pas pu s'obliger elle-même, cette personne serait-elle passible de l'action? Si, par exemple, la femme est obligée pour un mineur qui ne peut pas s'obliger sans l'autorisation de son tuteur, ce mineur

______

(1) L. 8, § 14, ff. *h. t.* — (2) *loco citato.*

pourra-t-il être poursuivi par l'action institutoire? Ulpien dit avec raison (1) qu'il ne sera obligé qu'autant qu'il sera devenu plus riche. Quant aux objets que la femme a reçus en gage de celui pour qui elle s'est obligée, le Préteur donnera sur eux au créancier un droit pareil à celui que possédait la femme (2).

Remarquons enfin en terminant cet article que la loi 10 ne s'applique pas moins à l'action institutoire qu'à l'action restitutoire. Elle se réfère en effet à la loi 8 qui la précède presque immédiatement et qui parle des deux actions. Il est du reste impossible d'élever un doute en présence des mots *hæ actiones* par lesquels elle commence. Il faut donc dire que l'action institutoire, étant persécutoire de la chose comme l'action restitutoire, devra passer aux héritiers du créancier et contre les héritiers de celui pour lequel la femme est intervenue ; et nous prenons le mot *héritiers* dans son sens le plus large, l'appliquant aussi bien aux successeurs prétoriens qu'aux héritiers civils.

CHAPITRE VIII.

Quand est-ce que le S.-C. Velléien cesse de s'appliquer ?

Il ne faut pas confondre l'intitulé de ce chapitre avec celui du chapitre V. Nous n'avons pas en effet à voir ici, comme dans le chapitre V, dans quels cas le S.-C. Velléien

(1) L. 8, § 15, *eod.* — (2) L. 29, ff. *eod.*

ne s'applique pas ; il s'agit d'examiner par suite de quelles circonstances le S.-C. Velléien, qui a commencé à s'appliquer à une obligation, cesse de le faire. Or, quatre circonstances peuvent enlever à la femme le droit d'apposer le S.-C. Velléien.

La première est indiquée dans la loi 8, § 13. Lorsque la femme qui pouvait opposer l'exception succède au débiteur pour qui elle est intervenue, elle prend la place de celui-ci ; elle peut en conséquence être actionnée par l'action restitutoire. Mais le créancier peut aussi exercer contre elle l'action directe qu'il a en vertu de son obligation, et qu'elle n'a plus intérêt à repousser par l'exception du S.-C. Velléien.

A côté de cette première circonstance qui écarte le S.-C. Velléien, il faut en placer une seconde qui a de grands rapports avec elle. Si une femme, après être intervenue pour Primus envers Secundus, a reçu de P. une somme d'argent égale à celle qu'elle avait mise à S ; lorsque celui-ci agira contre elle pour lui réclamer l'exécution de son obligation, elle ne pourra plus lui opposer l'exception du S.-C. Velléien, parce qu'ayant touché la somme, elle n'a plus à craindre de la perdre (1).

Le troisième fait qui peut arrêter l'application du sénatusconsulte a été établi par Justinien, dans la loi 22 au

(1) L. 16, pr. ff. *h*. t.

Code. Nous voyons dans cette loi, que ce prince a voulu que le sénatusconsulte cessât d'avoir lieu lorsqu'une femme aurait confirmé son intervention par un nouveau cautionnement ou par un nouveau gage deux ans après ; car alors la femme, ayant eu tout le temps de réfléchir à son action, est présumée avoir contracté dans son propre intérêt.

Justinien a cependant modifié cette loi dans le chap. 8 de sa *Novelle* 134. Il a *annulé de plein droit* l'intervention que la femme aurait faite *pour son mari*, quand même elle l'aurait confirmée depuis, plusieurs fois. On se rappelle qu'à la fin de la section Ire du chapitre précédent, en parlant des cas dans lesquels l'intervention de la femme est annulée de plein droit, nous avons cité cette disposition de la Novelle et que nous en avons renvoyé l'explication dans le chapitre actuel ; elle constitue en effet le second cas dans lequel la femme qui est intervenue pour autrui n'a pas besoin du sénatusconsulte, parce que son intervention est nulle de plein droit.

Il existe enfin, une quatrième circonstance qui peut faire écarter le sénatusconsulte Velléien : c'est lorsque la femme a renoncé au bénéfice de ce sénatusconsulte. Mais une controverse très-vive s'élève sur la question de savoir dans quels cas cette renonciation aura cet effet. Il y a cependant deux situations dans lesquelles la femme peut renoncer au sénatusconsulte, de l'aveu de tous les commentateurs; la première, c'est lorsqu'une mère ou une grand'mère veut être tutrice de ses enfants ; dans ce cas elle doit renoncer au sénatusconsulte (1). C'est là une circonstance tout à fait favorable ; on comprend donc qu'on ait permis à la femme de renoncer à son droit. Le second cas où cela lui est permis, c'est lorsqu'après être intervenue pour quelqu'un, elle renonce au S.-C. Velléien pour pouvoir accepter le jugement qui allait être prononcé contre celui pour qui elle a intercédé (2). Ici encore la renonciation s'explique parfaitement ; car accepter un jugement ou payer, c'est chose analogue (3) ; or, nous avons vu qu'il n'est pas défendu à la femme de payer pour autrui, parce que c'est un acte dès conséquences duquel elle peut se rendre compte facilement de suite. Jusqu'ici il n'y a pas de controverse.

Mais en dehors de ces deux cas, la femme peut-elle renoncer au S.-C. Velléien? C'est là ce qui fait question. Quoique l'opinion la plus généralement admise (4), soit que la femme peut renoncer au bénéfice du S.-C. Velléien, nous n'hésitons pas à adopter le système contraire. Le premier système aurait pour résultat d'éluder la décision du sénat, puisque le même mouvement qui pousse une femme à intervenir pour autrui la ferait aussi renoncer à

(1) Novelle 118, ch. V. — (2) L. 32, § 4, ff. h. t. — (5) L. 24, ff. *de solution*. — (4) Voir cependant *contrà* une bonne dissertation de Vinnius (*Selectæ questiones*, l. 1, cap. 48); Joseph. Averanius, *interpretat juris*, L. II, c. 5, p. 384 et s.; Noodt t. 11, p. 278.

la protection du sénatusconsulte. Permettre à la femme d'y renoncer serait donc la même chose que lui permettre de s'obliger pour autrui. — A cet argument qui nous semble très fort, nos adversaires répondent par cette règle générale contenue dans la l. 29 C. *de pact, que toute personne peut renoncer à un droit introduit en sa faveur par une loi.* Puis, prenant l'offensive, ils opposent la loi 21 C. *ad S.-C. Vell.*—La loi 29 permet, en effet, à la femme de renoncer *dans un contrat, en faveur d'une ou plusieurs personnes déterminées*, à son hypothèque légale sur les biens de son mari. Or, les partisans du premier système en concluent que la femme a droit de renoncer à la faveur du sénatusconsulte. Mais nous répliquons que la règle du titre *de pactis* qu'on nous oppose perd sa force lorsque l'âge, le sexe ou tout autre motif analogue crée un privilége ; car c'est là une disposition relative à l'ordre public (1). Quant au texte de la loi 21, il suffit de l'examiner de près pour voir qu'il ne contient aucune doctrine contraire à notre système. Que dit en effet cette loi? Elle permet à la femme de renoncer à son hypothèque légale sur les biens de son mari. Mais est-ce donc là une intervention telle qu'elle est défendue par le sénatusconsulte? On sait qu'*intervenir* dans le sens du S.-C. Velléien, c'est s'obliger pour autrui ; or la femme qui renonce à son hypothèque légale s'oblige-t-elle? Nullement ; elle cède, elle

(1) Argument de la L. 14, § 1, ff. *soluto matr.*

aliène son droit, chose parfaitement licite ; mais elle ne s'oblige à rien. Le second argument de ceux qui soutiennent la validité de la renonciation de la femme n'est donc pas meilleur que le premier, et dès lors, notre raisonnement demeure inattaquable.

TITRE III.

ANCIEN DROIT FRANÇAIS.

Les différences profondes qui existaient avant 1789 dans le vieux droit français entre les *coutumes*, d'une part, et ce qu'on est convenu d'appeler le *droit écrit*, de l'autre, devaient se faire sentir surtout dans une matière qui est intimement liée à la constitution de la famille.

Dans les *Pays de droit écrit*, on suivait les principes romains, sauf sur un point que nous examinerons tout-à-l'heure. La femme était aussi libre que son mari ; elle n'était pas sous sa puissance; ce qui était conforme à la jurisprudence du Digeste et du Code (1). Mais une restriction fut apportée par l'art. 9 de l'Ord. de 1731 à cette capacité qui n'était auparavant limitée que par le S. C. Velléien et la loi Julia. Cet art. 9 défendit à toute femme mariée, de recevoir une donation entre-vifs sans l'auto-

______

(1) Bretonnier, V° *Femme*. — Tiraqueau de *legibus connubialibus*, leg. 1, n° 1; — le Président Favre, dans son Code, liv. 2, tit. 9, des. 4. — Furgole sur l'Ordonnance de 1731, etc.

risation de son mari, ou à son refus de justice, à moins que cette donation ne fût faite à la femme pour lui tenir lieu de biens paraphernaux. Les termes de cet article de l'ordonnance sont trop généraux pour qu'il soit permis d'accepter l'opinion de Furgole, qui ne voulait pas l'appliquer aux femmes des pays régis par le droit écrit. Le motif de cette disposition de l'Ord. est d'ailleurs fort raisonnable : le mari peut avoir un intérêt moral très-grand pour surveiller les donations qui sont faites à sa femme. Cet intérêt du mari a dicté aux législateurs du Code Napoléon une disposition semblable.

Il ne faut pas croire cependant que la législation que nous venons de voir ait été celle de tous les pays de droit écrit. Bretonnier, à l'endroit déjà cité, nous atteste en effet que les provinces de droit écrit qui ressortissaient au Parlement de Paris avaient fini par subir l'influence du droit *coutumier*. Ecoutons Bretonnier : « Dans « les pays de droit écrit du ressort du Parlement de Pa- « ris tels que les provinces de Lyonnais, Forez, Beaujo- « lais, Mâconnais, la femme..... ne peut s'obliger sans « le consentement et l'autorisation de son mari. »

Le *droit coutumier* était beaucoup moins uniforme que le droit écrit. La législation variait d'une coutume à l'autre, et il est souvent difficile de saisir le principe qui dictait les dispositions de chaque coutume. Nous pensons toutefois qu'il ne faut pas trop s'arrêter aux différences de détail, et que s'il est impossible de reconnaître un même principe à toutes les provinces de droit coutumier, on peut cependant faire rentrer tous les systèmes dans trois ou quatre. Mais avant d'étudier le droit coutumier, tel qu'il est écrit dans les coutumes, il importe de remonter jusqu'à son origine première et d'examiner en conséquence quels étaient les principes germains.

Le genre humain a commencé par la famille. Cette grande vérité apparaît toujours à l'historien qui va chercher une nation dans la profondeur de ses forêts ou sur l'extrémité de ses montagnes. A l'époque de Tacite les Germains, renfermés encore dans leurs forêts, étaient dans cet état de développement où la famille disparaît dans la cité; mais le changement n'était pas encore opéré. Le gouvernement impuissant se débarrassait volontiers de sa responsabilité sur le chef de famille dont l'autorité devait être grande ; d'un autre côté, les individus n'étaient pas assez avancés pour sacrifier d'une manière suffisante leur pouvoir au bien général. Le chef de famille était responsable, non seulement de ses animaux (1) et de ses esclaves (2), mais encore de ses

(1) Pactus leg. Salic. antiq., 39 *de quadrupedibus quæ hominem lædunt.* — Leg. Saxonum, t. xiii ; etc. — (2) Leg. Sal. antiq. XIII, 2.

enfants (1) qui vivaient avec lui , et de sa femme (2). La femme et les enfants étaient placés sous le *mundium* du père de famille, et le *mundium* comprenait trois choses : 1º Une responsabilité civile et politique chez celui qui l'exerçait (*mundoaldus*); 2º Une tutelle qui imposait des devoirs et conférait des droits ; 3º Une autorité spéciale sur la personne et les biens de celui qui était placé sous le *mundium.*

Le mari achetait le droit de *mundium* sur sa femme, et le prix d'achat a varié avec les progrès du temps. D'abord ce furent des bœufs, un coursier avec un frein, un bouclier avec une framée et un glaive; puis, lorsqu'eut lieu l'appropriation individuelle du sol, le mari donna des terres, et plus tard, de l'or et de l'argent.

Quand le futur époux était tombé d'accord avec les parents de la femme, la loi lui en assurait la possession exclusive, la propriété. La vérité de cette assertion apparaît par cette disposition de la loi anglo-saxonne : *Si liber homo cum hominis liberi uxore concubuerit, ejus capitale redimat, et aliam uxorem propria pecunia* MERCETUR, *et illi alteri eam adducat* (3). Aussi, le déshonneur du mari était-il taxé : tant pour avoir pressé le doigt de la femme mariée; tant pour la main; tant pour

(1) L. Burgund, t. 85, *de pupillis.* — (2) Leges AEthelredi regis. — (3) L. AEthelb. 32.

l'avant-bras; tant pour le bras; tant pour le sein (1). La suprême injure était payée 200 sols (2). Si la femme n'était que promise en mariage, celui qui lui faisait injure payait 15 sols à son fiancé et 62 1/2 à elle-même ; si on la conduisait à son époux, 200 sols, comme si elle était entrée chez lui (1).La femme germaine était donc la propriété du mari, et le mariage germain n'était qu'une transaction civile.

Outre ce présent de noces, que Tacite appelle *dot* et qui recevait diverses dénominations dans les monuments qui sont arrivés jusqu'à nous (4), le mari donnait à sa femme, le lendemain de son mariage, un présent du matin (*morgengab*). Il y avait entre les deux présents une différence très-grande : la femme pouvait disposer comme elle le voulait du *morgengab*, au lieu qu'elle n'avait que l'usufruit du tiers de la dot. La propriété de ce tiers était inaliénable entre ses mains et passait à ses enfants ; les deux autres tiers étaient donnés aux parents de la femme (5). En retour de la dot, la femme apportait au mari quelque chose qui était en rapport avec la condition de sa famille.

L'infériorité de la femme germaine se manifeste dans toutes les situations de sa vie. Elle appelait son mari

<hr>

(1) Pactus leg. salic. antiq. t. XXIII.— (2) *ibid.* t. xv.—(3) Pact. leg. Sal. antiq., t. xiv, v. 9 et 10. — (4) Heineccius, *Elem. jur. Germ.* I, § 244. — (5) Leg. Burgund. XIV, 5; LXVI; Leg. Saxon. VI, 4; Leg. Wisig.L.III, t. iii, l. 8.

son seigneur, attendait ses ordres avant de se placer à côté de lui et baisait ses genoux en s'y plaçant (1). Moins libre même que la femme romaine des premiers temps, elle passait du *mundium* de son père, dans celui de son mari ou de ses frères même bâtards, dans celui de ses parents ou dans celui du roi; elle n'avait pas la chance que pouvait avoir la femme romaine soumise à la *manus* d'être émancipée. Elle ne pouvait jamais rien donner, ni aliéner de ses biens sans le consentemennt de celui sous la garde duquel elle était placée, et c'était lui qui testait pour elle en justice (2).

Telle était la condition de la femme chez les Germains, au moment où ils firent irruption dans les Gaules. On peut la résumer très-exactement, en disant que le mari avait autant d'autorité sur sa femme que sur ses biens.

La législation est le miroir des peuples; elle réfléchit leurs progrès ou leur décadence. Un mouvement aussi grand et aussi décisif que celui de l'entrée des Germains dans les Gaules, ne pouvait manquer d'apporter dans le droit de ces envahisseurs intelligents, une modification profonde. Les Germains, au milieu de leur barbarie, avaient d'ailleurs un principe qui devait produire les résultats les plus heureux pour la civilisation.

(1) Lotharii II, *Synodus Aquensis*, II, a.860; Nigellus, IV.v. 473. — (2) Luitprand. leg. VI.

Les femmes étaient seules chargées du soin de leurs maisons et de leurs terres (1). Elles étaient donc destinées par la force des choses à exercer une influence bienfaisante sur leurs maris, lorsque le contact de nations plus civilisées, favorisé par le principe du christianisme, aurait adouci les mœurs de l'homme de guerre.

Quand les Germains quittèrent leurs forêts, ils se trouvèrent vis-à-vis des Gallo-Romains ; ils commencèrent par en triompher et songèrent ensuite à régler les rapports qu'ils devaient avoir avec les vaincus. Il en résulta deux législations différentes. Mais bientôt la fusion des deux races amena le rapprochement des deux législations. Le dernier état du droit romain qui régissait les Gallo-Romains donnait à leur femme une capacité presque absolue ; il en refléta quelque chose sur les femmes des vainqueurs : en retour les Gallo-Romaines apprirent des Germaines à être plus modestes et plus soumises à leurs maris.

Le mélange de deux législations ne pouvait pas s'opérer d'un seul coup, et en 1789 le travail n'était pas encore achevé. On comprend en effet que l'élément romain ou germanique dut dominer, suivant que la population était plus ou moins composée de vaincus ou de vainqueurs. C'est ainsi que l'élément romain l'em-

(1) Tacite, *Germanie*, XXV.

porta dans le Midi, qui fut moins pénétré par l'invsaion, et que l'élément germanique triompha dans le Nord, où l'influence romaine s'était fait sentir beaucoup plus tard que dans les provinces méridionales et n'avait par conséquent pas jeté des racines bien profondes.

Voilà ce qui explique la distinction des *Pays de droit Écrit* et des *Pays de droit Coutumier*; distinction bien ancienne, puisqu'elle se révèle déjà dans une capitulaire de 864, mais qui ne fut complète que lorsque la nuée féodale vint à se dissiper. On commettrait cependant une grave erreur, si l'on croyait que le droit romain n'eût aucune autorité dans les pays coutumiers et qu'il régnât d'une manière absolue dans ceux du droit écrit. Le droit romain pénétra dans la rédaction des coutumes ; et l'enthousiasme des légistes français pour le droit romain au XIIIe siècle en était venu à ce point, que l'on nommait *droit haineux*, le droit national en désaccord avec le droit romain.

L'influence du droit romain sur le droit germanique est donc certaine. La femme germaine y a gagné plus de liberté. Le gouvernement était en effet constitué assez fortement pour que l'on pût diminuer la responsabilité du mari, et les mœurs s'étaient assez adoucies pour que le mari ne fût plus aussi jaloux de son autorité. La femme put alors recueillir les fruits du bien qu'elle avait fait; car, par l'éducation qu'elle avait

donnée à ses enfants, elle avait contribué à l'adoucisse-
ment des mœurs.

Nous venons de parler de l'influence du droit romain
sur le droit germanique. Il importe de se rendre
compte maintenant du changement opéré par la con-
version des peuples germains au christianisme. Le
principe romain était l'indépendance de la femme, et
le principe germanique était la confiscation de la personalité de la femme au profit de son mari. Les deux
systèmes étaient exagérés et par conséquent mauvais.
La religion du Christ vint apporter un principe qui tenait le milieu entre les deux. En même temps qu'elle
établit la soumission de la femme à son mari, elle déclara que le mari devait aimer sa femme et la protéger.
La soumission de la femme n'avait plus pour motif
son infériorité, car le Christ a considéré le mariage
comme une société où des droits égaux devaient appar-
tenir aux deux époux ; mais dans toute société il faut
un chef pour administrer les intérêts communs, et Dieu
a déclaré que dans la société conjugale le chef devait
être le mari. Les conséquences de ces idées furent heu-
reuses et fécondes. La femme ne fut plus l'esclave (1),
mais la compagne et l'associée de son mari ; le mari fut
administrateur et non propriétaire. Aussi le *mundium*
disparut pour faire place à un système de protection,

(1) Canut défendit le premier de vendre la femme à l'époux,(L. 72).

qui accorda à la femme une indépendance et une capacité convenables, et qui tendit à protéger sa fortune contre la mauvaise administration du mari.

Il est donc parfaitement incontestable que trois éléments principaux concoururent à la rédaction des coutumes : l'élément germanique, l'élément romain et l'élément ecclésiastique. Toutefois leur influence ne fut pas égale dans toutes les localités ; aussi le droit ne fut-il pas le même partout. Nous avons déjà vu une première distinction du droit de la France en *droit coutumier* et *droit écrit*, et nous avons examiné ce dernier. D'autres divisions existaient dans le sein même du droit coutumier, qu'il s'agit d'étudier maintenant. On comprend en effet que chaque localité pouvant se choisir son droit, l'unité ne pouvait pas exister dans la législation des coutumes. Mais il ne faut pas exagérer. Comme nous l'avons dit en commençant, s'il existait entre les diverses coutumes de nombreuses petites différences, il y avait cependant assez d'unité sur les grandes questions de droit ; de sorte qu'on peut aisément faire rentrer toutes les coutumes dans trois ou quatre systèmes.

Ce qu'il y a de commun à toutes les coutumes, c'est la nécessité de l'autorisation du mari pour permettre à la femme mariée de s'obliger, de contracter ou d'ester en jugement. Quelques coutumes même, telles que celles de Normandie, de Bretagne, de Bourgogne etc., vont plus loin, et défendent à la femme mariée de faire des actes de dernière volonté. Peu importe d'ailleurs le nom par lequel les coutumes désignent l'autorisation maritale.

Mais quel était le motif de cette autorisation ? C'est ici que commencent les divergences des auteurs et des coutumes. Un premier système donnait pour motifs l'utilité de la femme et celle du mari ; tel paraît être celui de la coutume de Paris, dont l'article 223 annulait le contrat fait par la femme non autorisée *tant pour le regard d'elle que de son mari,* et des coutumes de Sens (Art. 111), de Poitou (Art. 225) et d'Auxerre (Art. 207).

Une seconde opinion fondait la nécessité de l'autorisation du mari sur l'intérêt de ce dernier seulement. Tel était le système du judicieux Coquille sur la coutume du Nivernais (1), de Legrand sur celle de Troyes (2), de Ricard (3), de D'Argentrée sur l'ancienne coutume de Bretagne (4), de Dépringles sur la coutume de Bourgogne (5), de d'Aguesseau (6), des coutumes de Beauvoisis (7) et de Bayonne (8).

Un troisième système soutenait que l'autorisation avait pour princicipe la bienséance, qui devait tenir les

(1) Ch. 23, art. 1, quest. 100. —(2) Art. 80, glose 4, num. 4 et 72. — (3) *Des Donat.*, part. 1re, num. 559. — (4) Art. 223, glose 4, num. 2. — (5) Tit. 4, art. 1. — (6) Plaidoyer du 5 avril 1691. — (7) Ch. 45, page 254.— (8) Tit. 9, art. 59.

femmes enfermées chez elles, et la déférence qu'elles
doivent à leurs maris ; cette opinion paraît incontestable pour les coutumes qui étendaient l'incapacité des
femmes mariées aux actes de dernière volonté (1).

Enfin, une quatrième opinion donnait pour *unique*
motif de l'incapacité des femmes mariées la faiblesse
et l'inexpérience des femmes ; et cette opinion peu raisonnable avait cependant de nombreux partisans (2).
Mais elle ne résiste pas à un examen sérieux. En effet les femmes mariées seules étaient incapables ; les
filles et les veuves ne l'étaient pas : première preuve
de la fausseté du système. Une deuxième preuve se
trouve dans cette remarque, que la femme majeure
était valablement autorisée par son mari mineur ; or,
tout le monde connaît ce brocard, qui est ici fondé en
raison : *qui ipse defecit non potest alienum supplere de-
fectum* ; si la femme mariée était incapable par faiblesse
d'esprit, elle ne serait pas habilitée par un incapable.

Les anciens auteurs et les coutumes n'étaient donc
pas d'accord sur le principe de l'incapacité de la femme

(1) Observ. dn Présid. Bouhier, chap. 10. — (2) Tiraqueau, *de
legibus connubialibus*, glose 1, part. 1, num. 72 et suivants ; Rodem-
burg, *de jure conjugum*, p. 8 ; Chasseneux, sur la *cout. de Bourgogne*. Rubr. 4, § 1 ; Bouvot, *Quest. notables*, t. 1, part. 5, p. 156.
Laféron, sur la *cout. de Bordeaux*, tit. 1, § 5 ; Pontanus, sur la *cout.
de Blois*, art. 5 ; etc.

mariée, et l'on peut ramener toutes les opinions à qua -
tre systèmes. Remarquons en terminant cet examen
général du vieux droit, que l'admission d'un principe
sur l'incapacité de la femme mariée n'est pas une question de pure théorie, sans intérêt pratique ; car, suivant
que l'on admettait tel ou tel principe, il devait en résulter telle ou telle conséquence ; c'est ce qui apparaîtra clairement dans le livre suivant.

LIVRE II.

DROIT ACTUEL.

TITRE PREMIER.
DROIT FRANÇAIS.

Il faut bien se garder de confondre *l'incapacité légale* de la femme mariée avec *l'incapacité résultant du contrat de mariage* ; la première est obligatoire et les conventions ne peuvent y déroger ; la seconde change avec les conventions matrimoniales.

CHAPITRE PREMIER.
INCAPACITÉ LÉGALE.

On n'est pas plus d'accord aujourd'hui sur le motif de l'incapacité de la femme mariée qu'on ne l'était avant 1789. On discute sur les principes à établir, car ils varient avec l'esprit de chacun ; on discute aussi sur ceux qui ont dicté les dispositions de la loi, parce que la pensée du législateur qui a puisé ses inspirations dans différents ouvrages doit nécessairement manquer quelquefois d'unité.

Nous pouvons ramener à trois tous les différents systèmes qui existent sur le motif de l'incapacité.

D'après un *premier système*, le législateur n'a eu en vue que l'intérêt de la puissance maritale, puisque la femme mariée est seule incapable et que les veuves et les filles majeures sont capables. Cette observation prouve aussi que l'incapacité n'est pas fondée sur la faiblesse du sexe ; personne en effet ne viendra soutenir que le mariage altère les facultés de la femme ou son aptitude aux affaires (1).

Une *seconde opinion*, tout en reconnaissant que l'incapacité de la femme mariée a pour motif la puissance maritale, ajoute un autre motif, la faiblesse du sexe. Elle s'appuie sur l'art. 225 du Code Nap., qui permet à la femme elle-même d'invoquer la nullité fondée sur le défaut d'autorisation. Si le législateur n'avait eu en vue que l'intérêt du mari, dit-on dans ce système, il n'aurait donné qu'à lui seul le droit de demander la nullité (2).

Un *troisième système* beaucoup plus raisonnable et que nous adoptons, soutient que l'incapacité de la femme mariée a été établie à cause des intérêts matrimoniaux et de la paix du ménage. Le législateur a été animé par cette pensée que dans toute société il faut un pouvoir dirigeant; ayant alors à choisir entre *l'homme et la femme*, il s'est décidé pour la force la plus grande et l'aptitude la plus exercée aux affaires. Les auteurs de la loi ont quelquefois exagéré cette idée d'un pouvoir dirigeant : c'est ainsi que dans l'article 213 du

(1) Pothier, *De la puiss. du mari*, num. 3-5; Merlin, *Rep.* V° *puiss. marit.* Delvincourt, t. I, p. 75, num. 11. Toullier, t. II, n° 615. — (2) Lebrun. Commun., L. 2, ch. I, sect. 1. num. 1; Proudhon, t. I, p. 454

Code Nap,, au lieu d'écrire que la femme doit *déférence* à son mari, ils ont écrit qu'elle lui doit *obéissance* ; expression dure et peu juste. Mais cela se comprend à cette époque de réaction, où sortant à peine de la tourmente révolutionnaire, on penchait vers des idées absolues. Il ne faut pas oublier que les rédacteurs du Code Nap. étaient des hommes politiques , et qu'à force de chercher à établir un pouvoir fort à la tête de la nation, ils pouvaient être entraînés à transporter une partie de leurs idées dans la constitution de la famille.

Notre système peut seul expliquer toutes les dispositions du Code. Il répond au premier système, que si l'incapacité etait fondée sur la puissance maritale, la loi permettrait, comme beaucoup d'anciennes coutumes, au mari mineur d'autoriser sa femme ; que loin de là le mineur ne peut pas autoriser sa femme, parce que ce n'est pas dans son seul intérêt, mais dans celui de tout le ménage que l'incapacité a été établie.

Au second système il répond que si la femme peut invoquer la nullité, ce n'est pas à cause de la faiblesse de son intelligence, car les veuves et les filles majeures sont capables ; mais c'est parce que l'intérêt de la famille exige que la nullité puisse être invoquée aussi bien par la femme que par le mari, car les tiers oseront alors moins violer la loi.

Nous croyons donc fermement que l'incapacité de la femme mariée n'est pas fondée sur une prétendue *puis-*

sance maritale, ni sur une prétendue *faiblesse* du sexe, mais sur l'intérêt de toute la famille et sur la *paix du ménage.*

Le principe de l'incapacité étant ainsi connu, il importe de diviser la matière de ce Chapitre dans un ordre logique. Or nous verrons : 1° l'étendue de cette incapacité ; 2° l'autorisation du mari ; 3° l'autorisation de justice ; 4° les formes des autorisations tant maritale que judiciaire ; 5° les effets de ces deux sortes d'autorisation ; 6° les effets du défaut d'autorisation ; 7° le mandat du mari.

SECTION 1.

Etendue de l'incapacité de la femme mariée.

L'incapacité de la femme mariée n'est pas une incapacité absolue, générale, s'appliquant à tous les actes ; l'art. 1124 est donc très exact quand il dit que la femme mariée est incapable de contracter dans *les cas exprimés par la loi* ; seulement il faut étendre cet article aux autres actes que les contrats.

Institution de droit civil et statut personnel, le principe de l'autorisation ne s'applique qu'à la femme française, et la suit partout, conformément à l'art. 3 § 3, du C. N.

Conséquence du mariage, cette incapacité commence au moment de la célébration seule et non au moment du contrat. Il n'en a cependant pas toujours été de même ; les coutumes d'Artois (art. 87), de Bourgogne (art. 232), d'Auvergne (chap. 25, art. 1) etc., déclaraient qu'elle commençait au moment *des fiançailles* ! dispositions que Dumoulin n'hésite pas à qualifier d'*ineptes*.

Pour voir quelle est l'étendue de cette incapacité, il faut distinguer avec soin le droit *déterminateur* du droit *sanctionnateur*.

ART. 1.

Etendue de l'incapacité de la femme mariée sous le point de vue du droit déterminateur.

Dans le droit déterminateur il y a six sources d'obligation ou d'aliénation : 1° la loi ; 2° le contrat ; 3° la dernière volonté ; 4° le quasi-contrat ; 5° le délit ; 6° le quasi-délit. Examinons l'étendue de l'incapacité dans chacune de ces sources d'obligation et d'aliénation.

§ 1er. *Loi*.

Il est évident que la femme peut valablement aliéner et se trouver obligée indépendamment de l'autorisation de son mari, quand l'obligation ou l'aliénation dérive de la loi. Ainsi, la femme est capable en droit politique et en droit religieux. Il en est de même en droit de famille, en ce qui concerne ses devoirs d'épouse ou de mère sur les enfants d'un premier lit. Nous pensons, avec M. Zachariæ (t. III, n° 18), qu'il faudra en dire autant de l'acceptation de la tutelle, quoique la question soit un peu controversée par quelques auteurs qui disent que cette acceptation est un quasi-contrat (1). Selon nous, c'est là une confusion qui repose sur ce que, dans certains cas, la loi s'en rapporte à la personne elle-même pour apprécier les excuses ; mais il y a loin de là à l'idée d'un quasi-contrat. Seulement on pourra exiger l'autorisation du mari pour les actes spéciaux de tutelle, car le mari pourrait être mécontent de sa femme voyant mal gérer et s'exposer par là à des actions que le mineur, devenu majeur, exercerait plus tard contre elle : il va sans dire en effet que la femme qui accepte la tutelle répond soit du défaut de gestion, soit de la mauvaise administration de cette tutelle.

La femme est également tenue dans l'hypothèse suivante. Supposons avec Pothier (2) qu'une femme ait emprunté de quelqu'un une somme d'argent, sans qu'elle y ait été autorisée : sera-t-elle tenue de restituer ? Nous verrons au § suivant que la femme ne peut pas s'obliger par contrat sans l'autorisation de son mari ; d'après cela, il faudra dire que la femme ne sera pas obligée de rendre la somme empruntée. Mais si l'emprunteur justifie que la femme a employé la somme à acquitter ses dettes, qu'elle s'est par conséquent enrichie, il faut décider que la femme sera tenue, en vertu d'une obligation que lui impose la loi naturelle, celle-ci ne permettant pas qu'on puisse s'enrichir aux dépens d'autrui ; de sorte que la femme n'est pas

(1) Duranton, t. ii, num. 500, etc. — (2) Traité de la *Puiss. marit.*, num. 10.

obligée à la restitution en vertu de son contrat, mais en vertu de la loi (1).

§ 2. *Contrat.*

La femme est capable de rendre sa condition pire, quand il s'agit d'actes d'administration, par lesquels un propriétaire fait valoir ses biens, ou d'actes d'aliénation de son mobilier à titre gratuit. En dehors de ces actes, la femme est incapable, car elle hasarderait trop.

I. Actes d'administration.

Les articles 223, 1536, 1449 donnent à la femme sépa-rée de biens conventionnellement ou judiciairement l'administration de ses biens meubles et immeubles. Elle pourra, en conséquence faire des baux pour l'espace de neuf ans, et elle pourra les renouveler deux ans avant leur expiration s'il s'agit de maisons, et trois ans avant la même époque s'il s'agit de biens ruraux (art. 1429 et 1430 C. N.).

Par les actes d'administration la femme oblige sa fortune tout entière ; il est clair en effet, quoique en disent quelques auteurs, que lorsque la loi donne à la femme le droit de s'obliger pour les besoins de son administration, il faut qu'elle lui permette de donner à ses créanciers les garanties de l'art. 2092.

_____

(1) L. 206, ff. de reg. jur.; Marcadé, art. 217, num. 11; Toullier, . xi, num. 39 ; Zachariæ, t. iii, num. 19.

II. Actes d'aliénation.

Ln ce qui regarde les actes d'aliénation ou de spéculation, en vertu desquels on se dépouille d'une partie de ses biens, l'art. 217 du C. N. pose le principe : *la femme ne peut donner, aliéner, hypothéquer sans l'autorisation de son mari.*

Il résulte de cette première règle que la femme ne peut sans autorisation : 1° constituer sur ses immeubles des servitudes ; 2° effectuer un paiement ; 3° faire une renonciation ; 4° donner l'usufruit d'un immeuble à entichrèse jusqu'au paiement de la créance (1) ; 5° payer une dette avant l'échéance du terme ; 6° prendre un engagement dramatique (2).

Une exception a été faite à cette règle par l'art. 1449. qui, promulgué le 10 février 1804, est postérieur à l'art 217, promulgué le 17 mars 1803. L'art. 1449 permet à la femme séparée de corps ou de biens *l'aliénation* directe de son mobilier. Mais à côté du mot *aliéner*, il y a le mot *disposer.* Ce mot ajoute-t-il quelque chose à l'idée d'aliéner ? le mot *disposer* est-il synonyme de *donner*, et l'art. 1449 déroge-t-il une seconde fois à l'art. 217, en permettant à la femme de donner son mobilier ? C'est là ce qu'on soutient dans une première opinion, en faveur de laquelle on argumente du mot *disposer*, qui,

(1) Cassat· 22, nov. 1841, (Journ. du Pal,, t. I, de 1842, pag. 189.)
—(2) Vivien, *Code des théâtres*, num. 302.

dit-on, n'aurait pas de sens dans un autre système, et de cette analogie de rédaction des art. 217 et 1449, dont le premier dit *donner et aliéner*, et le second *disposer et aliéner*. Mais cette opinion ne nous paraît pas admissible. Les arguments de texte sur lesquels elle s'appuie sont puérils; car il arrive fort souvent au législateur de se servir en même temps de deux termes synonymes pour exprimer la même idée. L'art. 905 qui défend à la femme de donner, sans l'autorisation de son mari, est aussi absolu dans sa rédaction que notre art. 217 ; et c'est là quelque chose de raisonnable. On comprend en effet que la loi permette à la femme d'aliéner son mobilier à titre onéreux, parce qu'elle reçoit un équivalent ; mais cet avantage ne se présente pas dans la donation. De plus, la morale veut que le mari approuve les donations faites par la femme. Ces deux réflexions démontrent donc que la paix de ménage est intéressée à ce que la femme ne puisse pas faire de donation sans l'autorisation de son mari.

Le pouvoir donné à la femme par le § 2 de l'art. 1449 d'aliéner son mobilier a fait naître une question qui était surtout très-controversée dans les premiers temps de la promulgation du Code Napol. C'est la question de savoir si la femme peut en dehors des actes d'administration s'obliger sur son mobilier. La jurisprudence s'était d'abord prononcée pour l'affirmative ; c'est dans ce sens qu'avait été rendu un arrêt de la Cour de Cassation, du 18 mai

1819. Mais une jurisprudence mieux pénétrée de l'esprit de la loi ne tarda pas à admettre la négative (1). Le droit coutumier admettait que la femme était incapable de s'obliger. Le Code aurait-il voulu donner une solution contraire à celle de l'art. 234 de la Coutume de Paris, commenté par Pothier (2)? Cela n'est pas probable et rien ne l'indique dans la discussion. Si les rédacteurs n'ont pas dit expressément dans l'art. 217 que la femme est incapable de *s'obliger*, c'est qu'ils ont pensé que cela résultait suffisamment de l'incapacité d'aliéner ; et cela est d'autant plus certain que l'art. 1449 qui donne seul lieu à notre question n'était pas encore fait. Le législateur a d'ailleurs clairement manifesté sa volonté dans les articles qui suivent l'art. 217. C'est ainsi que dans l'art. 220 il a dit que la *femme marchande publique peut, sans l'autorisation de son mari* s'OBLIGER pour ce qui concerne son négoce ; il est bien clair que le législateur pensait qu'en principe la femme ne pourrait pas s'obliger. De même, l'art. 221 dit que la femme du mari condamné à une peine afflictive ou infâmante, ne peut pas *contracter* sans autorisation de justice, et les art. 222 et 225 contiennent la même disposition pour les cas d'interdiction, d'absence

(1) Cass. 12 fév. 1828, 19 mars et 15 mai 1829; 50 janv. 1841. — Les auteurs abondent aussi dans le même sens : M. Valette sur Proudhon, t. 1, pag. 465; Zachariæ, t. iii, p. 482; Marcadé, t. iii. art 1449; Demolombe, t. iv, num. 165; Duranton, t. ii, num. 492. — (2) Traité de la *Puiss. marit.*, num. 15.

ou de minorité du mari. Si dans tous ces cas où le mari ne peut lui-même autoriser sa femme, celle-ci ne peut pas contracter sans l'autorisation de justice, c'est qu'évidemment, pour s'obliger, la femme a besoin de l'autorisation de son mari. La femme séparée de bien n'est donc pas capable de s'obliger ; elle a le droit d'aliéner son mobilier, seulement comme acte d'administration. Le système qui permettrait à la femme de s'obliger sur son mobilier aurait des conséquences graves : il donnerait au créancier le droit de la poursuivre pour tout meuble présent et à venir conséquence devant laquelle on doit nécessairement reculer, aujourd'hui surtout que les biens meubles ont acquis une si grande importance.

III. Actes d'acquisition.

L'art. 217 déclare la femme incapable d'acquérir à titre gratuit ou onéreux, sans l'autorisation de son mari. La femme ne peut acquérir à titre onéreux, car c'est en donnant un équivalent : c'est toujours aliéner quelque chose. Elle ne peut pas acquérir à titre gratuit, car ce serait quelque chose de blessant pour le mari : il doit connaître les motifs de la donation. L'art. 934, au titre *Des donations*, reproduit cette disposition et cite l'art. 217.

§ III. *Dernière volonté.*

En droit Romain, les femmes *sui juris* âgées de plus de 12 ans, ne pouvaient faire un testament qu'avec l'autorisation de leur tuteur (1). Ce principe n'existait pas dans le droit coutumier qui avait généralement décidé que l'autorisation du mari n'était pas nécessaire à la femme pour tester ; il y avait cependant quelques coutumes, entre autres celles de Bourgogne et de Normandie, qui exigeaient l'autorisation. Le Code Napoléon a admis la règle du droit commun coutumier ; la femme peut donc aujourd'hui faire un testament et le révoquer sans l'autorisation de son mari. C'est que le testameent ne produisant d'effets qu'après sa mort, et par conséquent, après la dissolution de la société conjugale, la paix du ménage ne peut pas être troublée (Art. 226 et 905, § 2).

Il ne faut pas conclure d'ailleurs de la faculté de tester à celle de faire une institution contractuelle ; instituer contractuellement, c'est en effet aliéner ses biens et les frapper d'indisponibilité de son vivant ; un tel acte de la part de la femme pourrait gravement mécontenter son mari.

Mais les donations entre époux étant révocables (art. 1096), la femme peut les révoquer comme elle peut révoquer son testament.

Nous avons vu au N° III du § précédent que la disposition qui ne permet pas à la femme de recevoir une donation sans l'autorisation de son mari, est fondée sur

(1) Paul, L. III, t. iv, § 4; Ulpien, *frag.* t. XX, § 15; Gaius I, § 192; II, § 115, 118.

ce qu'une telle donation peut blesser le mari. Or, ce même motif de bienséance a dicté au législateur l'article 776, qui défend à la femme d'accepter une succession sans l'autorisation de son mari ; et, par la même raison, il faut étendre cet article à l'acceptation des legs.

Que faut-il dire de la répudiation ? S'il s'agit de la répudiation d'une succession ou d'un *legs immobilier*, comme la répudiation est une aliénation et que la femme, même séparée de biens ne peut pas aliéner un immeuble, il faut nécessairement exiger l'autorisation du mari. Mais que décider si la succession ou le legs est mobilier ? L'art. 1449, § 2, permet à la femme séparée de biens, d'aliéner son mobilier, à *titre onéreux*, suivant notre doctrine. Or, la répudiation d'une succession n'est pas une aliénation à titre onéreux ; donc, on ne peut pas dire qu'en vertu de cet article la femme puisse répudier une succession ou un legs mobilier, sans le consentement de son mari. Mais, dira-t-on, leur répudiation n'est pas non plus une aliénation à titre gratuit, car la personne qui les recueille n'est pas considérée comme donatrice. La question est donc controversable. Quant à nous, nous pensons cependant que la femme, pour répudier une succession ou un legs mobilier, a besoin de l'autorisation de son mari ; parce qu'en effet il est certain, d'un côté, que la répudiation n'est pas une aliénation à titre onéreux, de sorte qu'elle ne constitue

.7

pas un acte analogue à la vente du mobilier ; et que de l'autre côté, quoique la personne qui recueille le legs ou la succession répudiée ne soit pas regardée comme donatrice, elle n'en fait pas moins un profit par suite de cette répudiation de la femme. Voilà pourquoi nous assimilons la répudiation d'une succession ou d'un legs mobilier à la répudiation d'un legs ou d'une succession immobilière.

§ IV. *Quasi-contrat.*

Un principe fort équitable a été admis par tous les auteurs sur l'obligation de la femme par quasi-contrat. Il consiste à distinguer si le quasi-contrat résulte du propre fait de la femme ou s'il résulte du fait d'un autre. Dans le premier cas, la femme n'est tenue que si elle a été autorisée ; dans le second cas, elle est toujours tenue.

Appliquons cette distinction à la gestion d'affaires. Supposons d'abord que c'est la femme qui, sans l'autorisation de son mari, a géré les affaires de quelqu'un ; elle ne pourra pas contracter avec les tiers, car le quasi-contrat résulte de son fait. Elle sera pourtant obligée de rendre compte ; sans cela il y aurait délit de sa part. — Sera-t-elle tenue de continuer sa gestion ? Ici nous nous trouvons en présence de deux intérêts contraires : l'intérêt de la femme et celui de la personne dont elle a géré les affaires. Nous pensons que l'intérêt de la femme doit l'emporter ; c'est en effet par sa volonté que le quasi-contrat a eu lieu ; elle est donc dans une position analogue à celle où elle se trouve quand elle a *contracté* sans l'autorisation du mari. Aussi faut-il dire qu'elle ne sera pas tenue de continuer sa gestion sans l'autorisation de son mari.

Prenons maintenant l'hypothèse inverse, celle où quelqu'un a géré les affaires de la femme. Elle sera obligée de remplir les engagements qu'il aura contractés en son nom et de lui tenir compte des dépenses utiles et nécessaires qu'il aura faites dans son intérêt. Il n'y a d'ailleurs là rien qui puisse fâcher le mari, ni compromettre la paix du ménage.

La femme est également obligée par la réception d'un paiement non dû, car elle ne doit pas s'enrichir aux dépens du *solvens*.

§ V. *Délit et quasi-délit.*

La femme mariée est responsable de son dol ou de sa faute, quand cela constitue un délit ou un quasi-délit, car le mariage ne doit pas lui permettre de nuire à autrui. C'était là une maxime constante sous l'ancienne jurisprudence ; aujourd'hui, elle résulte des art. 216 et 1424 C. N.

Il ne faut pas confondre avec le dol qui constitue un délit et qui est la cause de l'obligation, celui qu'une femme commet en contractant ; celui-ci en effet n'oblige pas la

femme qui a contracté sans autorisation : celui qui en souf-
fre doit s'imputer d'avoir contracté (1).

Art. II. — Étendue de l'incapacité de la femme mariée,
sous le point de vue du droit sanctionnateur.

§ I. — *Actes judiciaires.*

Aujourd'hui, comme sous l'ancienne jurisprudence, *la
femme est incapable d'ester en jugement* (2), c'est-à-
dire de plaider soit comme demanderesse, soit comme défenderesse, soit comme intervenante (art. 215 C. N.).

*On ne peut déroger à cette incapacité même par con-
trat de mariage.* La femme est donc incapable d'ester
en justice, quoiqu'elle ne soit pas commune en biens (3),
ou qu'elle soit mariée sous le régime dotal, ou qu'elle soit
séparée de biens ; et il faut en dire autant si elle est séparée
judiciairement de biens ou de corps.

La loi ne fait même *pas d'exception en faveur de la
marchande publique,* pour laquelle, comme nous le verrons dans la section suivante, elle déroge à la règle de la
spécialité de l'autorisation.

L'incapacité existe *quelle que soit la nature du procès.*
Ainsi, la femme ne peut sans autorisation, défendre à une

(1) Pothier, num. 55. — (2) Ce qui est une corruption et une mauvaise traduction des mots : *stare in judicio* qui veulent dire rester en
justice. — (3) L'art. 215 dit *quand même elle serait non commune.*
C'est une distraction du législateur ; car la femme n'est jamais aussi
incapable que sous le régime d'exclusion de communauté.

demande en interdiction formée contre elle par sa famille. Le mari qui n'a pas autorisé peut faire annuler le jugement par voie de tierce opposition. — Elle ne peut comparaître même dans une procédure d'ordre ou de contribution. — Elle ne peut défendre à une saisie immobilière sans l'autorisation de son mari.

Une question très-controversée est celle de savoir si la femme a besoin d'une autorisation pour demander la nullité de son mariage. La Cour de Cassation a décidé l'affirmative dans un arrêt du 21 juin 1845 (1) en se fondant sur ce que la loi n'a fait aucune exception aux art. 215 et 218. Il nous semble que cet argument n'est pas bon. Il ne s'agit pas en effet d'introduire une exception à ces deux articles, mais de savoir si c'est le cas de les appliquer, c'est-à-dire, si cette hypothèse est comprise dans la règle. Or de quoi est-il question? Une femme veut intenter contre son prétendu mari une demande en nullité de mariage. Est-il raisonnable dès lors d'exiger d'elle que son mari consente à sa demande? ne serait-ce pas la forcer de se reconnaître femme *mariée?* C'est là ce que la Cour de Cassation n'a peut-être pas aperçu. Cette demande ne peut pas être comprise dans la disposition qui crée pour la femme *mariée* l'incapacité d'ester en jugement, parce que l'action de cette femme a précisément pour but de faire déclarer qu'il n'y a pas de mariage. — Indépendamment de ce pre-

(1) Journ. du Palais, t. 11 de 1845 , p. 202.

mier argument que nous opposons au système de la Cour de Cassation, il en est un autre qui n'est pas moins sérieux : c'est que si la femme qui demande à son mari de consentir à son action obtient de lui ce consentement, il y aura accord entre les parties ; or ce résultat inadmissible a été repoussé par la loi dans des circonstances analogues à la nôtre, c'est-à-dire, dans les demandes en séparation de biens ou de corps, aujourd'hui, et de plus, avant la loi du 8 mai 1816, dans les demandes en divorce. —Voilà les deux motifs qui ne nous permettent pas d'admettre le système de l'arrêt de 1845. — La Cour de Cassation était, suivant nous, dans une meilleure voie lorsqu'elle déclarait, dans un arrêt du 31 août 1824, qu'il fallait que la femme s'adressât à la justice pour obtenir l'autorisation. Cependant même alors elle oubliait que l'autorisation de justice n'étant en principe demandée qu'*à défaut* de celle du mari, il faut préalablement consulter celui-ci; et que, dans les cas où la loi a voulu exiger que l'on consultât directement la justice, elle s'en est expliquée clairement : de telle sorte que ces cas constituent des exceptions qu'il n'est pas permis de dépasser. — Il faut donc conclure de tout cela que lorsque la femme intente une demande en nullité de mariage, elle n'a besoin d'aucune autorisation.

Faut-il exiger l'autorisation, *lors même que le procès est commencé avant le mariage?* Pothier, qui fait la même question au n° 56 de son *Traité sur la puissance maritale,* se prononce avec raison pour l'affirmative. Il faut cepen-

dant admettre deux exceptions : 1° lorsque l'affaire est en
état au moment du mariage (art. 342 et 345 C. de Proc.);
2° si, lors même que l'affaire n'était pas état, le mariage
n'a pas été notifié aux adversaires (art. 344, 345 C. de
Proc., (1). Cette seconde exception n'existe pas lorsque le
mariage a eu lieu entre le jugement de première instance et
l'appel ; car l'appel constituant une instance nouvelle, les
adversaires doivent connaître les qualités de la personne
avec laquelle ils agissent, et par suite assigner le mari (2).

Le résultat du défaut d'autorisation du mari est l'obten-
tion par les adversaires de la femme d'un jugement par défaut. Ce jugement entraînant moins de frais que les jugements contradictoires, on comprend que le mari qui voit
que sa femme aurait tort de soutenir un procès aime
mieux la voir condamner par défaut. Mais un tel résultat
n'était possible que pour les instances civiles ; il ne pouvait être admis lorsque la femme est traduite devant un
tribunal criminel, correctionnel ou de simple police. Aussi
l'art. 216 du Code Nap. a décidé *que l'autorisation du
mari n'est pas nécessaire lorsque la femme est poursuivie
en matière criminelle ou de police.* Dans ce cas en effet, la
femme a son honneur à défendre, chose trop délicate pour
faire dépendre sa défense de l'autorisation de son mari ; et
nous pensons que ce motif existe aussi lorsque la femme

(1) V. Cass. 10 déc. 1812; Toulouse, 27 avr. 1820; Duranton, t. 11,
num. 457 ; Bioche, num. 61 et 62. — (2) Cass. 7 août 1815; Orléans,
5 Févr. 1835; Duranton t. 11, num. 158.

doit défendre à l'action civile intentée, soit accessoirement à la demande du ministère public, soit même directement devant les tribunaux civils.

§ 2. *Actes extra-judiciaires.*

Le principe de l'art. 215 ne s'applique qu'aux actes judiciaires et non aux actes extra-judiciaires. La femme mariée peut donc, sans autorisation, faire signifier par le ministère d'un huissier des actes qui ne mènent pas à un jugement. Ainsi, elle peut faire un protêt et même une saisie-arrêt; cependant, elle ne pourra pas faire l'assignation avec notification au débiteur saisi sans l'autorisation de son mari, parceque l'assignation est un acte judiciaire. (Art. 563, C.de procéd.).

§ 3. *Actes conservatoires.*

La femme n'a pas besoin de l'autorisation de son mari pour faire les actes conservatoires.

Ainsi, elle peut faire transcrire sur le livre public des mariages du lieu de son domicile l'acte de célébration de son mariage contracté en pays étranger, conformément à l'art. 171 Cod. Nap.

Elle peut aussi, sans autorisation, faire transcrire une donation qui lui aurait été faite du consentement du mari. (Art. 939, 940 Cod. Nap.).

Ainsi encore, elle peut faire inscrire son hypothèque légale sur les biens de son mari ou toute autre hypothèque qu'elle aurait contre un autre que lui (Art. 2139).

Nous admettons de même qu'elle peut faire inventaire.

En un mot, la femme peut faire tout acte purement et simplement relatif à la conservation ou à la sûreté de ses droits.

SECTION II.

De l'autorisation maritale.

Art. 1er. Nécessité de l'autorisation maritale.

Le résultat de l'incapacité *légale* de la femme mariée est la nécessité de l'autorisation maritale, toutes les fois que le mari peut ou veut la donner; nous disons de l'incapacité *légale*, car nous verrons au chapitre II, où nous traiterons de l'incapacité qui découle du contrat de mariage, que cette incapacité peut être augmentée, en ce sens que la femme ne peut faire certains actes même avec l'autorisation de son mari. Ainsi, partout où nous avons vu dans la Section précédente que la femme est incapable d'un acte, cela signifiait qu'elle doit obtenir ou au moins demander l'autorisation du mari quand il peut la donner.

Voici cependant une question controversée : l'autorisation maritale est-elle possible pour les actes faits par la femme dans l'intérêt de son mari? L'ancienne jurisprudence n'appliquait pas au mari la maxime *nemo potest auctor esse in rem suam* (1). Le Code civil établit l'autorisation maritale comme nécessaire ; or il

(1) Cout. de Ponthieu, art. 47; Pothier, num. 42.

ne fait aucune exception pour le cas où la femme contracte dans l'intérêt du mari; loin de là, les art. 1419 et
1431 supposent qu'elle peut ainsi s'obliger sans le consentement de justice. C'est en vain qu'on oppose ce
qui a lieu quand le tuteur a un intérêt opposé au mineur pour lequel intervient alors le subrogé-tuteur : l'incapacité du mineur et celle de la femme mariée ont deux
causes différentes,—On a cherché aussi à faire une distinction. On a dit que, lorsque la femme contracte avec
des tiers dans l'intérêt de son mari, l'autorisation de
celui-ci suffit (1) ; que lorsque au contraire elle contracte directement et personnellement avec son mari,
l'autorisation de celui-ci ne suffit pas (2), et qu'il faut
en outre l'autorisation de la justice. — Ce système nous
semble mauvais en équité et en législation : en équité,
parce que les deux actes qu'on distingue ne nous paraissent pas plus dangereux l'un que l'autre ; en législation, parce que la loi n'admet l'autorisation de justice
qu'en cas de refus ou d'impossibilité du mari, et que
l'art. 1595 prouve l'erreur du système que nous combattons, en n'exigeant pas l'autorisation judiciaire dans
le cas où il permet la vente entre époux (3). Le système

(1) Besançon, 27 février 1807; Gênes, 30 août 1811 ; Colmar, 8 décembre 1812; Cass. 15 octobre 1812; Bordeaux, 2 août 1815.—
(2) Besançon, 27 janvier 1807; Cass. 14 fév. 1810, 15 oct. 1812·
—(3) Opinion conforme : Zachariæ t. III, p.533, n°.38; Paris, 12 déc·
1820; Nîmes, 9 fév. 1842. (Journ. du Palais, t. I de 1842, p. 424).

qué nous soutenons n'offre d'ailleurs aucun inconvé-
nient; car, pour les actes dangereux, la loi a eu soin
de prendre ses précautions. (Art. 1095, 1096, 1595,
2144 du Cod. Nap.).

Le mari peut également autoriser sa femme à plaider
contre lui. Il est clair d'ailleurs que, lorsqu'il est demandeur, la femme est regardée comme suffisamment
autorisée par l'action même intentée par le mari (1).

Art. 2. Spécialité de l'autorisation maritale.

Le mari qui autorise sa femme doit le faire après
examen. Il faut donc que l'autorisation soit *spéciale*,
in ipso actu, pour que l'on soit bien certain que le mari
sait quel acte la femme va faire.

Autrefois, plusieurs coutumes admettaient les autorisations générales données par le mari soit pendant le
mariage, soit par contrat de mariage. Merlin, qui a fait
là-dessus tout un paragraphe (2), nous dit cependant
que ces coutumes-là étaient peu nombreuses et que le
plus grand nombre admettait la spécialité de l'autorisation. Il paraît même que lorsque les coutumes n'étaient
pas très-explicites sur ce point, les auteurs se décidaient
toujours en faveur de cette spécialité ; c'est ainsi que
pour la coutume de Paris on la concluait des mots
consentement exprès de son art. 223.

(1) Nancy, 14 avr. 1811; Colmar, 14 janv. 1822. — (2) Rep. V.
Autorisation maritale, sect, 6, § 2.

Aujourd'hui, il est certain que les autorisations générales ne sont pas valables. Nous ne connaissons qu'une seule exception à cette règle, celle relative aux commerçantes ; car il nous est impossible d'en voir une autre dans l'art. 223 C. N., qui dit que « toute autorisation générale, même stipulée par contrat de mariage, n'est valable que quant à l'administration des biens de la femme. » Cette rédaction nous semble vicieuse. Il est clair en effet qu'elle fait allusion à la femme séparée de biens. Or, lorsque les deux époux adoptent ce régime, il n'y a pas d'autorisation générale d'administrer donnée à la femme ; il n'y a que rétention par la femme de son droit d'administrer, parce que c'est la capacité qui est la règle : l'incapacité n'est que l'exception, et celle de la femme mariée ne résulte que de son mariage. L'art. 1536 du C. N. est donc bien plus exact que l'art. 223, quand il dit que la femme séparée de biens en conserve l'entière administration. L'art. 1538 est aussi très-exact, quand il dit que toute autorisation générale d'aliéner les immeubles donnée à femme, soit par contrat de mariage, soit depuis, est nulle.

Art. 3. Exception à la spécialité de l'autorisation maritale.

L'unique cas d'autorisation générale est lorsque la femme fait un commerce séparé de son mari : elle est dite alors *marchande publique*. C'est à tort que l'art. 220 considère ce cas comme constituant une exception au

principe de l'autorisation ; il n'établit qu'une exception
à la spécialité de l'autorisation, puisque l'art. 4 du Code
de Commerce exige le consentement du mari (exprès
ou *tacite*) pour que la femme soit marchande publique.
La femme marchande publique peut donc s'obliger
sans autorisation spéciale de son mari pour ce qui concerne son négoce (Art. 220 C. N.) ; et elle peut
même, en vertu de l'art. 7 du Code de Comm. qui a
dérogé profondément à l'art. 1538 § 2, aliéner et engager ses immeubles, toujours pour le besoin de son
commerce. Mais nous avons vu dans l'art. 215 qu'elle
ne peut pas ester en justice sans une autorisation spéciale ; l'autorisation générale de faire le commerce ne
suffit pas.

Cette sorte de capacité civile de la marchande publique est fort ancienne ; on la rencontre déjà dans les
établissements de Saint-Louis (Établis. 1, chap. 47) ;
c'est qu'ici l'exception à la règle que le mari ne peut
pas donner d'autorisation générale est nécessaire à la célérité des affaires commerciales.

Ici se présente une question. La femme commerçante peut s'obliger et aliéner pour les actes relatifs à
son négoce ; mais quels sont *ces actes relatifs à son
négoce ?* Si l'acte est commercial par lui-même, il n'y a
pas de difficulté. Il en est de même, si la femme a déclaré dans l'acte qu'il est relatif à son commerce ; dans
ce cas les tiers ne sont pas obligés d'examiner si l'acte

est réellement relatif au négoce de la femme, car cette exigence est impossible en présence du secret qui est indispensable aux opérations commerciales. Dans tous ces cas la femme aura pu valablement contracter sans autorisation. Mais il est certains actes qui se réfèrent à toutes sortes d'opérations. Or, lorsqu'ils sont faits par une femme commerçante, seront-ils réputés faits pour son commerce? On comprend l'intérêt de la question : s'ils sont réputés faits pour son négoce, celui qui les attaquera comme nuls pour défaut d'autorisation (Art. 225 C. N.), devra prouver que ces actes n'ont pas été faits par la femme dans l'intérêt de son commerce ; si au contraire on ne les répute pas faits dans cet intérêt, lorsqu'ils seront attaqués en vertu de l'art. 225 C. N., ce sera à ceux qui ont contracté avec la femme et qui maintiennent la validité de ces actes, à prouver qu'ils ont été faits par la femme pour les besoins de son négoce. Or trois systèmes sont soutenus.

Premier système. — *C'est aux tiers à prouver dans tous les cas que l'acte a été fait dans l'intérêt du commerce de la femme*; dans tous les cas, soit qu'il s'agisse de simples billets, soit qu'il s'agisse d'aliénations ou d'hypothèques ou bien d'emprunts notariés. En effet 1 ° la règle est que l'autorisation est nécessaire ; c'est par exception que la marchande publique en est dispensée ; or, ceux qui demandent la nullité pour défaut d'autorisation sont dans la règle ; donc c'est aux tiers qui veulent invoquer l'exception à prouver le but commercial de l'acte ; 2° il faudrait pour qu'il en fût autrement une présomption légale en faveur des tiers; or, elle n'existe nulle part. Qu'on n'oppose pas l'art. 638 C. de Comm. : car il suppose une personne capable ; or il résulte de l'art. 1350 que les présomptions ne doivent pas être étendues ; donc l'art. 638 ne peut pas s'appliquer à la femme qui est incapable ; donc enfin il n'y a pas présomption de commercialité établie pour les actes de la marchande publique (1).

Deuxième système. — Il faut distinguer entre les simples billets et les aliénations ou actes d'emprunts notariés. — En effet, 1° l'art. 638 est applicable à la femme en ce qui concerne les billets, car il se réfère *aux billets souscrits par un commerçant,* sans dire s'il est capable ou non ; or la femme est commerçante ; donc les billets souscrits par elle sont présumés commerciaux ; 2° l'art. 638 ne parle que des billets et non des obligations ou aliénations notariées : donc pour celles-ci une présomption contraire à la commercialité résulte du silence de l'art. 638 ; ce qui est corroboré par deux réflexions : la première, c'est qu'on ne souscrit pas des obligations commerciales devant notaires ; la seconde, c'est que les parties qui font un acte notarié n'ont plus,

(1) Massé, Droit Commerc., t. iii, n. 98 et 175; Pardessus, t. i, nos 62 et 71.

pour être dispensées de l'autorisation spéciale, le motif de la célérité exigé par le commerce, puisqu'elles peuvent prendre leur temps (1).

Troisième système. — *C'est à ceux qui invoquent la nullité* (Art. 225 C. N.) *à prouver que l'acte n'a pas eu un but commercial.* — Ce système nous paraît plus conforme à la loi et à la raison. Les auteurs du second système ont prouvé que l'art. 638 s'applique à la femme commerçante (2) et ils ont par là renversé le premier système. Nous sommes donc parfaitement d'accord avec eux quant aux simples billets. Mais nous pensons, contrairement à eux, que la présomption du but commercial existe aussi bien pour les aliénations et obligations notariées, que pour les simples billets. Nous répondons en effet aux auteurs du second système : 1° l'argument *à contrario* que vous invoquez de l'art. 638 est bien faible ; il est d'ailleurs condamné par la loi dans l'art. 1164 ; 2° vous dites qu'on ne souscrit pas des obligations commerciales par actes notariés. Mais il ne s'agit pas de savoir si l'obligation est commerciale ; il s'agit seulement de savoir si elle a été contractée pour l'intérêt du commerce de la femme ; 3° **vous** objectez que les parties peuvent prendre leur temps. Mais cette objection prouve seulement que la loi aurait

(1) M. Marcadé, act, 220, n. 5; Toullier, t. xii, nos 249 à 252. —
(2) M. Valette, sur Proudhon, t. 1, page 460, note A, 11.

dû exiger ici une autorisation spéciale ; or il ne s'agit pas de cela. Nous ajoutons que la preuve que l'on voudrait exiger des tiers que la vente ou l'obligation notariée a eu pour but le commerce de la femme, est pour eux impossible à faire ; il faudrait pour qu'elle fût possible que la femme leur révélât le secret de ses opérations. Il est d'ailleurs plus simple que la preuve incombe au demandeur qui intente l'action en nullité (1).

SECTION III.
Autorisation de justice.

Nous avons vu que le résultat de l'incapacité légale de la femme mariée, dans les actes pour lesquels elle existe, est la nécessité d'une autorisation maritale. Mais il peut se faire que le mari soit dans l'impossibilité d'autoriser sa femme ; et il peut arriver aussi qu'il ne veuille pas l'autoriser. C'est alors que la justice intervient et donne ou refuse à la femme l'autorisation que celle-ci lui demande.

Art. 1. Autorisation judiciaire *au cas de refus du mari*.

Le mari n'a pas un pouvoir despotique ; il n'est pas maître de la famille : il en est le chef. Si donc il refuse injustement à la femme l'autorisation qu'elle lui demande pour s'obliger, aliéner ou ester en justice, il faut venir au secours de celle-ci. « Comme il n'y a, dit

(1) Lebrun, Trait. de la Commun., L. II, ch. 1, sect. 1, nº 10 ; Demolombe, t. IV, num. 500 et suiv.

« Portalis (1), aucun pouvoir particulier qui ne soit
« soumis à la puissance publique, le magistrat peut in-
« tervenir pour réprimer les refus injustes du mari, et
« *pour rétablir toutes choses dans l'état légitime.* »
Voilà le motif des art. 218 et 219 du Cod. Nap.

Il y a des cas cependant où la justice ne peut pas donner l'autorisation à défaut de celle du mari. L'art. 1556
nous présente une de ces hypothèses sur lesquelles aucun
doute ne s'élève; il suppose qu'une femme veut donner ses biens dotaux pour l'établissement des enfants
communs et il exige l'autorisation du mari ; celle de la
justice ne suffirait pas ; comme le mari doit avoir pour
ses enfants la même affection que la mère, la loi pré-
sume que son refus a un juste motif.

On est aujourd'hui presque généralement d'accord
pour décider que la justice ne peut pas autoriser la
femme à faire le commerce lorsque le mari lui refuse
son autorisation (2). Il s'agit en effet du choix d'un
genre de vie tout entier, et le mari est le seul bon juge
de la convenance de cette demande de la femme. D'ailleurs la règle de la spécialité, qui s'applique à l'autori-

(1) *Exposé des Motifs.* Locré, t. ıv, p. 524, num. 66. — (2)
M. Bravard-Veyrières, p. 17; Aubry et Rau, sur Zachariæ, t. ııı, p.
554, note 44; Pardessus, num. 65. — Voir cependant *contrà* un arrêt de Paris du 24 oct. 1844. (Journ. du Pal. t. ıı de 1844, p. 461)
dont le principal motif peut se résumer ainsi : la justice a le droit de
permettre à la femme de faire le commerce sur le refus de son mari,
parce qu'elle en a le droit.

sation judiciaire comme à l'autorisation maritale, s'oppose à ce que la justice donne une autorisation générale
que la loi n'a pas permise par une disposition analogue
à celle de l'art. 220.

Art. 2. Autorisation judiciaire AU CAS D'INCAPACITÉ DU MARI.

Lorsque le mari est incapable, la justice peut à sa
place autoriser la femme. Mais le peut-elle, lorsque le
mari n'est pas capable, dans les cas où elle ne l'aurait
pas pu, si le mari capable avait refusé à la femme son
autorisation?

Ainsi, nous avons vu dans l'art. 1556, que la femme
ne peut donner ses biens dotaux pour l'établissement
d'un enfant commun qu'avec l'autorisation de son mari.
Si le mari est incapable de donner l'autorisation, la justice peut-elle la donner à la femme? Nous pensons
qu'elle le peut, parce que le motif qui a dicté l'art. 1556
n'existe plus dans cette hypothèse. On ne peut pas dire,
en effet, que le mari a de justes raisons pour refuser
l'autorisation, puisqu'il ne refuse pas et qu'il est seulement incapable d'autoriser.

Que faut-il dire pour l'autorisation de faire le commerce? Nous avons vu que lorsque le mari capable la refuse, la justice ne peut intervenir; mais que faut-il décider s'il est incapable? Dans un premier système on
dit que la justice ne doit pas autoriser la femme à faire
le commerce, quand le mari ne peut pas donner l'auto-

risation. Ce système nous paraît trop sévère ; aussi nous croyons avec un nouveau système qu'il faut distinguer. Lorsque le mari se trouve dans une incapacité matérielle ou morale d'autoriser sa femme (absence, interdiction judiciaire, incapacité pénale), nous pensons que la justice pourra l'autoriser, car il n'y a pas de refus ; lorsqu'au contraire le mari est mineur, s'il refuse l'autorisation, nous pensons que la justice ne pourra pas autoriser la femme ; mais s'il veut bien l'accorder, pourquoi ne pas permettre à la justice de favoriser le vœu de son mari ? Cela ne troublerait assurément pas la paix du ménage.

Examinons maintenant dans quelles circonstances le mari est incapable d'autoriser sa femme. Or le mari est incapable d'autoriser sa femme dans cinq circonstances : 1° s'il est absent ; 2° s'il est interdit judiciairement ; 3° s'il est pourvu d'un conseil judiciaire ; 4° s'il est frappé d'une incapacité pénale ; 5° s'il est mineur.

§. I. *Absence du mari.*

L'article 222 du C. Nap., déclare que lorsque le mari est absent, le juge peut autoriser la femme ; et l'article 863 du Code de proc. a résolu la question de savoir si le juge a le même droit au cas d'absence présumée ; question qui aurait pu être soulevée en présence de l'expression vague de l'article 222.

La plupart des auteurs pensent même qu'il n'est pas nécessaire qu'il y ait absence dans le sens que ce mot a dans le titre IV du livre I du Code Napoléon : l'éloignement suffit pour que la justice autorise la femme (1). Cela a été dit, du reste, de la manière la plus claire au Conseil-d'Etat, lors de la discussion de l'article 222.

Remarquons que le tribunal n'a pas besoin d'accorder son autorisation à la femme pour chaque acte d'administration ; il peut lui accorder une autorisation générale d'administrer. Les termes de l'article 223 sont assez larges pour qu'on puisse en tirer cette conclusion.

§. II *Interdiction judiciaire.*

Si le mari est interdit (art. 222) ou si, sans être interdit, il est placé dans une maison d'aliénés (L. 30 juin 1838), sa femme doit demander l'autorisation de justice pour les affaires excédant la simple administration ; elle ne serait pas valablement autorisée par le tuteur de son mari.

§ III. *Conseil judiciaire.*

La femme de celui qui est pourvu d'un conseil judiciaire ne peut faire, sans l'autorisation de justice, les actes de la nature de ceux pour lesquels son mari doit

_____

(1) Pothier, § 3, num. 12; Merlin, sect. VII, num. 1; Delvincourt, t. 1, page 430, num. 15; Toullier, t. 11, num. 651; Duranton, t. 11, num. 505.

être lui-même assisté de son conseil (art. 513). Cela nous paraît indubitable, malgré le silence de la loi, qui ne parle que de l'interdit ; il résulte en effet de l'esprit des articles 222 et 224 que le mari ne peut conférer à sa femme que la capacité dont il jouit lui-même, et c'est là une règle qui nous paraît fondée en raison C'est là ce qu'a décidé la cour de cassation, par son arrêt du 11 août 1840 (*Journ. du Pal.* t. II de 1840, p. 455), pour la capacité d'ester en justice (art. 215 et 513 C. Nap.).

§. IV. *Incapacité pénale.*

Ici la loi est beaucoup plus explicite, quoiqu'il y ait encore quelques difficultés. L'article 221 dispose ainsi : « Lorsque le mari est frappé d'une condamnation em- « portant *peine afflictive ou infamante,* encore qu'elle « n'ait été prononcée que par contumace, la femme « même majeure, ne peut, *pendant la durée de la peine,* « ester en jugement, ni contracter qu'après s'être fait « autoriser par le juge, qui peut, en ce cas, donner « l'autorisation, sans que le mari ait été entendu ou « appelé. »

Ainsi l'autorisation doit être demandée par la femme à la justice, lorsque le mari est frappé d'une condamnation emportant peine afflictive ou même simplement infamante, quoiqu'elle n'ait été prononcée que par contumace. Le Tribunat avait proposé de retrancher les mots *ou infamante*, afin que le condamné à une peine simplement infamante ne fût pas privé du droit d'autorisation; mais cette proposition ne fut pas accueillie. (Locré, t. IV, p. 459.)

D'après l'art. 28 du Code pénal, la condamnation à une peine temporaire, afflictive ou infamante, emporte la dégradation civique. Or, Delvincourt enseigne (t. I, p. 164) que l'incapacité pour le mari d'autoriser sa femme devra durer pendant toute la vie du condamné, sauf le cas de *réhabilitation* (art. 633 du C. d'instr. crim.) qui fait cesser l'infamie. Mais la plupart des auteurs (1) repoussent avec raison un tel système. L'article 221 du C. Nap., dit en effet que l'incapacité pour le mari d'autoriser sa femme ne dure que *pendant la durée de la peine;* et il est certain que ces mots doivent s'entendre de la peine principale; sans cela ils n'auraient pas de sens, puisqu'à moins de supposer l'hypothèse fort rare de la réhabilitation, la dégradation civique dure *pendant toute la vie* du condamné.

§. V. *Minorité du mari.*

Autrefois le mari mineur pouvait autoriser sa femme majeure à faire des actes d'administration ou d'aliénation et d'ester en justice; c'était la conséquence du

(1) Bioche, Voir *Femme mariée,* num. 108; M. Marcadé, art. 221; Duranton, t. 11, num. 507; Vazeille *du Mar.* t. 11, num. 347. —

principe qui servait alors de base à l'incapacité de la femme mariée, c'est-à-dire la puissance maritale (1). Le mari mineur pouvait toutefois faire rescinder l'autorisation qu'il avait donnée, pour cause de lésion, soit qu'il eût simplement autorisé sa femme (2), soit qu'il se fût obligé conjointement avec elle (3).

L'article 224 du Code Nap. a modifié cette partie de la législation, qui ne pouvait pas être maintenue lorsqu'on eut changé le principe de l'incapacité de la femme mariée. Cet article a déclaré que la femme d'un mineur doit se faire autoriser par justice pour les actes que le mari ne peut faire lui-même. Mais l'autorisation judiciaire est inutile pour les actes que le mari, émancipé par son mariage, peut faire sans son curateur (4).

Si la femme était elle-même mineure, son mari mineur pourrait l'autoriser valablement pour tous les actes que lui-même pourrait faire sans l'assistance de son curateur. Pour les autres actes, la femme devrait demander l'autorisation de la justice à cause de sa qualité de femme mariée, et l'assistance d'un curateur *ad hoc*, à cause de sa minorité.

(1) Pothier, *loc. cit.* num. 29; Merlin, *loc. cit.* sect. V, § I.—(2) Arrêt du Parlement de Paris, du 21 avr. 1707, rapporté par Maillart sur l'art. 86 de la *Cout. d'Artois*, num. 66. — (3) Arrêt du Parlement de Paris. du 22 juin 1673, (Journ. du Pal.) et du 19 avr. 1717, (Journ. des Aud.). — (4) Duranton, t. ii, num. 505; Toullier, t. ii, num. 655; Delvincourt, t. i, page 185; Vazeille, t. ii, num. 349; Nouv. Denisart, V, *Autoris.*, § 31, num. 6.

125

Dans tous ces cas, la justice *fera bien* d'entendre le mari officieusement sur la demande d'autorisation de la femme, un jeune homme de 19 ou 20 ans pouvant présenter aux juges de sages avis (1).

SECTION IV.

Formes de l'autorisation.

Art. I. Formes de l'autorisation *maritale*.

§. I. Formes de l'autorisation maritale pour les *actes extrà-judiciaires.*

La plupart des pays coutumiers avaient admis une jurisprudence fondée sur de vaines subtilités. Il ne suffisait pas que le mari intervînt dans l'acte, qu'il le signât, ou même qu'il déclarât y consentir ; il fallait qu'il déclarât *autoriser* expressément sa femme : ce mot était sacramentel, et c'est à peine si Pothier regardait comme équivalent le mot *habiliter* (n° 68).

Le Code Napoléon a rejeté avec raison ce formalisme inutile, pour se contenter du consentement du mari (art. 217, 905, 934, etc.). La validité de son autorisation est donc soumise aujourd'hui aux règles du consentement des contrats.

L'autorisation *expresse* peut être écrite ou verbale ; seulement, d'après l'art. 217, la preuve testimoniale ne serait pas admissible pour établir un consentement ver-

(1) Marcadé, art. 224, I; Toullier, t. II, num. 655; Vazeille, t. II, num. 348; Bioche, num. 105

bal, même s'il s'agissait d'une valeur inférieure à 150 fr., sauf les hypothèses des art. 1347 et 1348; mais ce n'est là qu'une question de preuve : l'aveu ou le serment pourrait prouver le consentement.

L'autorisation *tacite* résulte du *concours* du mari dans l'acte (art. 217) : mais cela ne veut pas dire que la seule présence du mari suffise. Le mot *concours* suppose que le mari a été partie dans l'acte, qu'il l'a signé. Les tribunaux peuvent aussi faire résulter l'autorisation du mari de toute espèce de faits établissant son approbation ; c'est ainsi qu'il a été jugé avec raison par la Cour de Cassation, le 2 août 1814, et par la Cour royale de Paris, le 2 février 1830, que le mari qui tire une lettre de change sur sa femme l'autorise par là à l'accepter.

Quant à l'autorisation générale de faire le commerce, elle peut être donnée de toutes manières ; elle peut donc résulter de la preuve que le mari a eu connaissance du commerce de sa femme, et cette preuve peut être faite même par témoins. Il faut dire de même que la révocation de cette autorisation peut être prouvée par tous moyens, mais en observant qu'elle ne pourrait pas préjudicier aux tiers qui n'en auraient pas eu connaissance.

§ II. Formes de l'autorisation maritale pour les *actes judiciaires*.

Avant le Code, toutes les coutumes se contentaient

d'une autorisation tacite pour les actes judiciaires (1) ;
mais il fallait une preuve légale du consentement du
mari. Aujourd'hui également, le concours du mari dans
l'acte ou son consentement par écrit suffit ; mais on
regarde la femme comme autorisée lorsqu'elle est ap-
pelée en justice par son mari (2).

Si la femme est demanderesse, le tribunal ou la Cour
accordera un sursis pour que l'autorisation puisse être
accordée (3). Si la femme est défenderesse, c'est au
demandeur à provoquer l'autorisation en assignant le
mari en même temps que la femme ou même postérieu-
rement (4). Mais il ne suffit pas qu'il soit assigné, il
faut encore que le jugement soit rendu avec lui ; ainsi,
lorsque le mari d'une femme actionnée en justice a été
mis en cause pour l'autoriser, le jugement même par
défaut, s'il n'est rendu que contre la femme, est
nul (5).

Art. II. Formes de l'autorisation *judiciaire*.

L'autorisation judiciaire doit être, à peine de nullité,

(1) Parlement de Paris, 15 mai 1702, 28 juin 1714; Parlement de
Flandre, 22 nov. 1696; — Merlin, sect. VI, § I. — (2) Delvincourt
t. 1, page 315; Duranton, t. 11, num. 467; Cass. 24 fév. 1841 (Journ.
du Pal., t. 1, de 1841, p. 543); — (3) Cass. 11 août 1840, (Journ.
du Pal., t. 11 de 1840. page 455), 17 janvier 1838 (t. 11 de 1838, p.
193); 12 octobre 1807, etc. — (4) Cass. 5 août 1840, (Journ. du P.
t. 11 de 1840, p. 205), 5 août 1842. — (5) Paris, 6 juin 1810.

donnée par le tribunal, et non simplement par un juge ou même par le Président. Cependant il y a exception à cette règle en matière de séparation de corps ou de biens , pour laquelle le Président seul autorise la femme, parce que l'autorisation n'est plus dans cette occasion qu'une affaire de forme (art. 865-875, C. de pr.)

L'autorisation de justice peut être valide comme celle du mari. D'où il suit que l'ordonnance du Président qui permet à la femme de convoquer un conseil de famille, pour délibérer sur une demande en interdiction contre le mari, l'autorise suffisamment à ester en justice pour obtenir l'interdiction (1).

Toutes ces règles s'appliquent à l'autorisation judiciaire dans quelque circonstance qu'elle intervienne.

§ I. Formes de l'autorisation judiciaire *lorsque le mari refuse d'autoriser sa femme.*

I. *S'il s'agit d'ester en justce,* il faut distinguer si la femme est demanderesse, défenderesse ou intervenante.

1° *La femme est demanderesse ou intervenante.* — Elle doit d'abord requérir l'autorisation de son mari par une sommation (art. 861, Cod. de proc.) ; si elle est faite au mari et en personne, l'huissier constate sa réponse dans la sommation même ou dans un acte placé

(1) Toulouse 8 fév. 1823.— Voici aussi Colmar 12 déc. 1816; Cass. 9 mai 1829.

à sa suite (1) ; si elle est faite à son domicile, il peut donner l'autorisation soit par acte authentique ou sous seing privé, soit en signant l'original et la copie de l'exploit introductif d'instance, dans les qualités duquel l'huissier le fera alors intervenir.

Si le mari après cette sommation se tait ou refuse l'autorisation, la femme, aux termes de l'art. 861 C. de proc., présente requête au Président en y joignant une sommation ; sur cette requête le Président rend une ordonnance portant permission de citer le mari, à jour indiqué, à la chambre du conseil pour déduire les causes de son refus.

Quel est le tribunal compétent pour statuer sur l'autorisation ? Cette demande étant principale, on a jugé, avant le Code, et on juge encore aujourd'hui, qu'elle doit être faite devant le tribunal du domicile du mari qui est défendeur (2). Mais lorsque c'est le mari qui est en cause et ne comparaît pas, quoique assigné, la femme demanderesse peut s'adresser alors, pour se faire autoriser, au tribunal saisi qui est compétent, puisque la demande en autorisation n'est plus principale (3).

2° *La femme est défenderesse.* — Dans ce cas, l'ar-

(1) Carré et Chauveau, t. vi, num. 2219. — (2) Chauveau et Carré t. vi, num. 2909; Merlin, sect. VIII, num. 7;— Proudhon, t. i, page 270. — (3) Cass. 5 août 1840 (Journ. du Pal.,t. ii, de 1840, p. 205).

ticle 861 ne s'applique pas. C'est à l'adversaire de la femme à sommer le mari d'autoriser sa femme dans son exploit d'assignation, et si le mari refuse, c'est le tribunal saisi par l'adversaire qui donne l'autorisation (1).

II. *Lorsqu'il s'agit de faire un acte extra-judiciaire*, l'art. 219 C. N. dit que sur le refus du mari, la femme peut le faire citer *directement* devant le tribunal de première instance de son domicile. Mais cet art. 219 est-il toujours applicable en présence de l'art. 861 C. de proc. qui, comme nous venons de le voir, exige que la femme, après avoir fait constater le refus du mari par une sommation, présente requête au Président du tribunal pour obtenir permission de citer son mari à la chambre du conseil? Quelques auteurs ont prétendu l'affirmative en se fondant sur les termes de l'art. 861 qui semblent restreints aux actes judiciaires. Cette interprétation judaïque des mots *à la poursuite de ses droits* ne nous paraît pas acceptable. L'art. 861 est fondé en effet sur un esprit de conciliation et sur la déférence que la femme doit à son mari. Or, ce motif existe aussi bien dans le cas de l'art. 217 que dans celui de l'art. 215. Ce qui prouve d'ailleurs la faiblesse de l'argument de texte qu'on tire, dans l'opinion que

____

(1) Chauveau et Carré, Merlin, *loc. cit.*

nous combattons, des termes de l'art. 861, c'est que l'art. 863 répète les mots *à la poursuite de ses droits*, quoiqu'ils doivent s'appliquer évidemment aussi bien aux actes extrajudiciaires qu'aux actes judiciaires. Aussi nous croyons avec M. Pigeau, qui fut l'un des rédacteurs du Code de proc., que l'art. 861 a dérogé à l'art. 219 (1).

III. *Soit qu'il s'agisse d'un acte judiciaire, soit qu'il s'agisse d'un acte extrajudiciaire,* le tribunal apprécie les motifs du refus du mari ou, si celui-ci fait défaut, la demande de la femme, et n'accorde ou ne refuse l'autorisation qn'après avoir entendu les conclusions du ministère public (art. 862, Code de proc.)

§ II. Formes de l'autorisation judiciaire *lorsque le mari est dans l'incapacité d'autoriser lui-même sa femme.*

Lorsque le mari est absent, interdit, pourvu d'un conseil judiciaire, frappé d'incapacité pénale ou mineur, la sommation et la citation devant la chambre du conseil, dont parle l'art. 861 du Code de proc., sont inutiles aussi bien pour les actes judiciaires que pour les actes extra-judiciaires. La femme qui veut alors obtenir l'autorisation de la justice doit présenter au Président une requête accompagnée *de l'acte de nais-*

(1) Voir cependant *contrà*. Rennes, 15 févr. 1818.

sance qui constate la minorité de son mari; ou *du juge-ment* qui constate soit la condamnation dont parle l'article 221, soit la nomination d'un conseil judiciaire, soit l'interdiction, soit la déclaration d'absence, soit la présomption d'absence; ou enfin soit *d'un acte de notoriété*, soit *d'un certificat du maire*, si aucun jugement n'a été rendu. Dans tous ces cas, le Président ordonne la communication de la requête au ministère public et commet un juge pour faire son rapport au jour indiqué (art. 865 et 864, C. de proc.). La chambre du conseil accorde ou refuse l'autorisation sur le rapport du juge commissaire et sur les conclusions du ministère public qui doit toujours être entendu.

Mais ici on soulève une question, celle de savoir si le jugement sera rendu en audience publique ou seulement en chambre du conseil. Pour soutenir que c'est en audience publique, on dit que les art. 219 C. N., 861 et 862 C. de proc. n'ont pas dérogé à la règle de la publicité des jugements, et que dès lors cette règle doit être maintenue à peine de nullité (1). — Mais on répond à ce système que le tribunal peut avoir des motifs de refus qui doivent rester secrets, et qu'au surplus dès que la loi dit que l'instruction doit avoir lieu dans la chambre du conseil, c'est que le jugement doit être rendu dans cette chambre (2).

(1) Nimes, 8 février 1825 et 9 juin 1828; Cass. 25 août 1826. —
(2) Berlier, *Exposé des Motifs* de l'article 862, Code de pr.; Chau-

SECTION V.

Effets de l'autorisation.

Art. I. Effets de l'autorisation maritale et judiciaire quant à la femme.

Quant à la femme, l'autorisation de justice et celle du mari produisent les mêmes effets : la femme autorisée est aussi capable que si elle n'était pas mariée. Mais l'autorisation donnée à la femme ne fait que l'habiliter ; elle ne donne pas à l'acte de la femme une valeur intrinsèque plus grande ; en conséquence elle pourrait attaquer un contrat qu'elle aurait fait avec cette autorisation, pour cause d'erreur, de violence ou de dol (1).

Art. II. Effets de l'autorisation maritale quant au mari.

Nous supposons toujours que les époux sont mariés sous le régime de la séparation de biens, régime de la plus grande indépendance de la femme.

Le mari est-il responsable de l'autorisation inopportune ? L'art. 1450, § 2, répond que le mari qui a autorisé sa femme à vendre un immeuble est garant vis-à-vis d'elle du défaut d'emploi ou de remploi. Quoique cet article soit au chapitre du régime en communauté, tous les auteurs reconnaissent qu'il faut l'appliquer ici.

veau et Carré, num. 2923; Bioche, num. 133;—Riom, 29 janvier 1820; Bordeaux, 27 février 1834. — (1) Pothier, num. 76; Toullier, t. II, num. 655; Vazeille, t. II, num. 555.

Le mari est donc responsable vis-à-vis de sa femme lorsqu'il l'a obligée.

Est-il obligé envers les tiers avec lesquels la femme a contracté ou plaidé? Nullement; il faut dire à leur égard : *qui auctor est non se obligat.* En conséquence, les obligations et les condamnations de la femme autorisée par son mari ne s'exécutent que sur les biens personnels de celle-ci, et même sur leur nu-propriété seulement si le mari en a la jouissance. Mais il est clair que cette règle cesse de s'appliquer, lorsque le mari a intérêt au contrat ou à la contestation, ou s'il s'y rend partie.

Art. III. Effets de l'autorisation judiciaire à l'égard du mari.

L'autorisation de la justice n'oblige le mari ni à l'é-gard des tiers, ni à l'égard de la femme, soit qu'il s'agisse d'un acte judiciaire, soit qu'il s'agisse d'un acte extra-judiciaire (1). Telle était aussi autrefois l'opinion commune; cependant Loyseau (2) et la coutume de Normandie (3) obligeaient le mari à supporter les dépens, quand la femme était condamnée en matière civile, regardant ces dépens comme une charge de la jouissance.

(1) Merlin; sect. VIII, num. 6 ; Toullier, t. II, num. 566, et 568; Duranton, t. II, num 508. — (2) *Traité du déguerpissement* L. II, ch. IV, num. 14. — (3) Basnage, art. 544.

SECTION VI.
Effets du défaut d'autorisation.

Les actes faits par la femme sans l'autorisation du mari ou de la justice sont nuls. Mais cette nullité est-elle relative ou absolue ? Cela doit dépendre du principe sur lequel on fonde l'incapacité de la femme.

Aussi dans le très-ancien droit les divergences étaient grandes : 1° Les coutumes qui admettaient comme principe l'utilité de la femme et du mari devaient nécessairement se prononcer en faveur d'une nullité relative pouvant être invoquée par le mari, la femme ou ses héritiers (1). — 2° Partout où l'on pensait que l'incapacité n'était fondée que sur l'utilité du mari, on n'accordait le droit d'invoquer la nullité qu'à lui (2). — 3° Les coutumes qui donnaient pour motif de cette incapacité la bienséance qui devait tenir les femmes enfermées chez elles, et la déférence qu'elles devaient avoir pour leurs maris, regardant cette incapacité comme de droit public, se prononçaient pour une nullité absolue (3). — 4° Enfin les auteurs qui n'admet-

(1) Arrêts du Parlement de Dijon des 15 janvier 1577, (rapporté par Bouvot, t. 11, part. 3, V°. *Transaction,* Ch. IV), 11 f. 1618, (Guillaume et Chevannes, sur l'article 1 du titre IV de la *Cout. de Bourgogne*), 19 juillet 1667, (Président Bouhier, ch. XIX, num. 11). — Voir les *anciennes* coutumes de Paris, d'Auxerre, de Sens, de Poitou, etc. — (2) Voir dans la partie de la thèse relative à l'ancien droit français, les coutumes et auteurs qui admettaient sur l'incapacité de la femme mariée ce second système. — (3) Voir *loc. cit.* les coutumes et les auteurs qui admettaient le troisième système. —

taient l'incapacité des femmes mariées qu'à cause de
leur faiblessé et de leur inexpérience devaient admettre une nullité relative à leur profit seulement. Mais
nous avons vu dans la partie de notre Thèse relative à
l'ancien droit français que ce système qui avait de nombreux partisans n'était réellement admis par aucune
coutume.

Tel était le très-ancien droit français. On voit qu'il
était parfaitement logique. Peu-à-peu cependant, on
finit par admettre partout que la nullité résultant du
défaut d'autorisation était absolue ; on regarda dès lors
l'incapacité de la femme mariée comme étant d'ordre
public (1).

Les conséquences du caractère absolu que l'on donnait à cette nullité étaient : 1° qu'elle pouvait être invoquée non-seulement par le mari, par la femme ou ses
héritiers, mais par toute personne y ayant intérêt ;
2° que l'acte nul ne pourrait pas être ratifié même après
la dissolution du mariage. On n'était pas bien d'accord
cependant sur les résultats de la première conséquence ;
c'est ainsi que plusieurs bons auteurs admettaient que
la caution de la femme qui avait contracté sans autorisation, était valablement obligée (2) : ce qui était

(1) Voir art. 9 de l'ord. de 1731 ; arrêt du Parl. de Paris du
22 août 1735, rapporté par Maillart, sur l'art. 86 de la Cout. d'Artois, num. 80. — (2) Renusson *de la Communauté*, partie I, chap.

contraire à cette idée que l'acte fait par la femme étant réprouvé par la loi, la nullité *absolue* qui en résultait devait nécessairement rejaillir sur le cautionnement qui en aurait voulu assurer l'effet (1).

Aujourd'hui la nullité n'est que relative, et l'article 225 déclare qu'elle *ne peut être opposée que par la femme, par le mari ou par leurs héritiers*. Examinons chacune de ces trois personnes.

1° *Par la femme.* — La femme peut invoquer cette nullité pendant et après son mariage. Mais est-ce que toute femme qui a fait, sans autorisation, un acte pour lequel elle lui était nécessaire, peut invoquer cette nullité? Que faut-il dire de celle qui a pris la qualité de fille majeure ou de veuve, ou qui s'est dite autorisée par son mari? — Nous pensons que l'acte n'en est pas moins nul et qu'elle peut l'attaquer. Chacun doit en effet connaître la condition de celui avec qui il contracte, ou subir les conséquences de son ignorance. Autrement il serait trop facile à la femme d'éluder la loi. Il y a d'ailleurs un argument d'analogie très puissant dans l'article 1307 (2). Mais si la femme avait em-

<hr>

VII, num. 30; Domat, tit. *des Cautions*, sect. I, num. 4; Ferrière *sur la cout. de Paris*, art. 235, glose, I num. 3; le Président Bouhier, ch. XIX, num. 35; Tiraqueau, *De leg connubialib.*, glose 4, num. 44. — (1) Pothier, *Oblig.* num. 395; Lebrun, *De la communauté*, L. II, ch. I, sect. V, nuq. 48; Sérieux, notes sur Renusson, *loc. cit.* Voët. L. 46, t. 1, num. 10 etc. — (2) Pothier, num. 35 et 54 (*Puiss.*

ployé de faux actes, elle serait obligée par son délit, comme le mineur. — Si celui qui a traité avec la femme est tombé dans une erreur commune et générale, il faut appliquer la fameuse loi *Barbarius Philippus*, (L. 3 ff. *de off. prætor.*), et dire *error communis facit jus* (1).

2° *Par le mari.* — Les droits du mari ne sont pas aussi étendus que ceux de la femme ; comme il n'agit qu'en vertu de l'autorité maritale, il ne peut demander la nullité que pendant le mariage.

3° *Par* leurs *héritiers,* dit l'article 225. — S'il s'agit des enfants communs, il n'y a pas de difficulté. Mais si les époux n'ont pas d'enfants et qu'ils aient des héritiers distincts, comment faut-il entendre les termes de l'art. 225 ? Il est certain que les héritiers de la femme pourront invoquer la nullité : leur intérêt est positif. Mais comment donnerait-on l'action aux héritiers du mari? Quel intérêt peuvent-ils avoir? On n'en voit pas, car l'acte fait par la femme, sans autorisation, ne peut pas nuire au mari. Nous verrons dans le chapitre II qu'il ne peut pas recevoir son exécution sur les biens de la communauté. Par ces motifs, nous croyons que

marit.); Toullier, num. 622; Duranton, num. 462 et 495, Vazeille, t. II, num. 512, Cass. 15 novembre 1856, etc. — (1) Pothier, num. 54 Toullier, num. 625; Duranton, num. 495, Demolombe, num. 552; Delvincourt, p. 334. — V. *contra.* Vazeille, num. 515 et Zachariæ, p. 247, 571, num. 91.

le législateur n'a écrit les mots *leurs héritiers*, que par inadvertance ; il avait très-probablement alors en vue le cas où ces héritiers sont des enfants issus du mariage ; de sorte qu'il faut entendre ces mots dans le sens d'*héritiers communs, ou de la femme seulement.*

A plus forte raison, les créanciers du mari ne pourront pas invoquer la nullité : il s'agit d'un droit *attaché exclusivement à la personne du mari* (art. 1166), et inhérent à la puissance maritale.

La question est controversée en ce qui concerne les créanciers de la femme. Pour leur accorder l'action en nullité, on dit que la nullité dont il s'agit n'est pas exclusivement attachée à la personne de la femme, puisque ses héritiers peuvent l'invoquer (1). Nous ne pensons pas que ce soit là un bon raisonnement. D'abord l'article 225 s'exprime d'une manière parfaitement limitative : il *énumère* les personnes qui peuvent invoquer cette nullité *relative ;* et ce n'est pas une matière où l'on puisse raisonner par analogie. Puis on comprend que la loi donne aux héritiers de la femme le droit d'invoquer la nullité, et qu'il ne le donne pas à ses créanciers ; car les héritiers ne se laissent pas guider par un sentiment purement pécuniaire, comme le feraient les créanciers ; ils consulteront leur conscience

(1) Demolombe, t. iv, num. 342; Proudhon *Usufr.* t. v, num. 347; Bastia, 26 mai 1834, etc.

afin de voir s'ils devront se prévaloir du moyen que la loi leur offre (1).

La caution de la femme a-t-elle le droit d'opposer la nullité ? Nous avons vu que dans l'ancien droit on avait admis l'affirmative parce que la nullité était absolue. Aujourdhui qu'elle n'est plus que relative, il faut dire que la caution sera obligée. Cela résulte des termes de l'article 2036, qui ne se borné pas à dire que la caution ne peut pas opposer les exceptions qui sont personnelles au débiteur, mais qui dit aussi qu'elle ne peut opposer parmi les exceptions qui appartiennent au débiteur principal que *celles qui sont inhérentes à la dette*. Or, la nullité dont il s'agit n'est pas une exception inhérente *à la dette*; c'est une exception qui a sa cause *dans la personne de la femme*, c'est par conséquent dans toute la force du mot une exception personnelle à la femme (2).

Du principe que la nullité ne peut être invoquée que par le mari, la femme ou ses héritiers, il résulte aussi que ceux qui ont traité avec la femme ne peuvent pas l'invoquer. Cette conséquence nous paraît si certaine, que nous ne

(1) Toullier, t, vii. num. 566; Bruxelles, 20 janvier 1808; Angers, 1 août 1810. Turin, 30 novembre 1811, Grenoble, 2 août 1827. — (2) Zachariæ; t. iv. p. 152; Merlin, sect. III, § 2; Troplong, *Du Cautionnement*, art. 2012, num. 82, etc.

comprenons pas qu'un assez grand nombre de bons esprits se soient laissés toucher par des subtilités au point d'avoir pu penser que le donateur pouvait exciper du défaut d'autorisation de la donataire pour révoquer sa donation! Ils disent, pour soutenir leur opinion, que la donation n'existe qu'autant qu'on a rempli toutes les formes requises par la loi ; que l'acceptation est une forme essentielle et qu'elle n'est valable qu'autant que la femme a été autorisée (art. 934); que lorsque par conséquent cette autorisation n'est pas intervenue, la donation n'a aucune existence (art. 938). Puis, pour prouver que la nécessité de l'autorisation pour valider l'acceptation n'est qu'une affaire de forme, les partisans de ce système argumentent de la place de l'article 934 qui est situé dans une Section intitulée *De la forme des donations entre-vifs* (1).—On voit que tout le raisonnement de ces jurisconsultes repose sur l'idée que l'autorisation de la femme est une simple forme, et qu'ils pensent prouver cette étrange doctrine en argumentant de la place de l'article 934. Or, ce raisonnement est bien faible. La section dans laquelle se trouve l'art. 934 a une rubrique inexacte ce qui le prouve, ce sont les art. 944 et s.. 951 et 952, qui sont compris sous la même rubrique et qui sont loin de poser des règles de forme. Cet argument ainsi écarté, il ne reste du système que nous combattons que cette seule pro-

(1) Merlin, V°. *Donat.*, sect. VI, num. 4; Delvincourt, t. ii, p. 69, note 4; Proudhon, t. i, p. 475; Grenier, *Dos Donat.* t. t, num. 61.

position : *l'autorisation maritale est une forme* ; or nous pensons qu'il suffit de l'énoncer pour en démontrer la bizarrerie. Si l'on veut d'ailleurs un argument de texte, on le trouve dans l'art. 934 lui-même qui cite l'art. 217 et par conséquent l'art. 225, puisque celui-ci ne contient que la conséquence de la règle posée dans l'art. 217 (1).

De ce que la nullité est relative, il ne faudrait pas conclure que la femme pourrait réclamer l'exécution des obligations de la part de celui qui a traité avec elle, sans exécuter les siennes propres. Cette personne pourrait même, avant d'exécuter, exiger de la femme une caution ou la ratification.

Ceci nous mène à parler de la *ratification.*

La nullité des actes faits par la femme non autorisée étant relative, elle peut être couverte par la ratification, Or, la rectification peut être expresse ou tacite : *expresse,* quand elle réunit les conditions de l'art. 1338 ; *tacite,* lorsque l'acte a été volontairement exécuté, ou lorsqu'il s'est écoulé un certain laps de temps.

Le cas de ratification expresse et le premier cas de ratification tacite ne présentent aucune difficulté. Exami-

(1) M. Marcadé, t. iii, art. 935, num. v; M. Valette, sur Proudhon. t. ii, p. 479; Démolombe, t. iv, num. 348; Toullier, t. i num, 561 et t. v, num. 193; Duranton, t. viii, n. 435.

nous le second cas de ratification tacite, celui qui résulte d'un certain laps de temps.

Distinguons d'abord les actes extrajudiciaires des actes judiciaires.

Pour les actes extrajudiciaires, l'art. 1304 déclare que l'action en nullité se couvre par dix ans. Mais à partir de quelle époque ? *A l'égard de la femme,* la ratification résulte de son inaction pendant dix ans, *à compter de la dissolution du mariage* et non à compter de l'acte, parce que tant que dure le mariage la femme n'est pas libre ; elle peut craindre en exerçant l'action en nullité d'apprendre à son mari qu'elle a agi sans son autorisation. Cette crainte ne peut exister *du côté du mari*; rien ne l'empêche d'exercer l'action en nullité à partir du jour où l'acte a été fait, s'il en a eu connaissance ce jour là, ou à compter du moment où il a connu cet acte. Aussi nous pensons que les dix ans courent contre le mari à partir de l'acte ou de la connaissance qu'il en a eue (1).

La nullité relative aux *actes judiciaires* peut-elle être couverte par un certain laps de temps ? Oui, sans doute ; mais ce n'est pas l'art. 1304 qui s'applique : il n'est relatif qu'aux contrats. Il faut d'ailleurs ici faire une sous-distinction. 1° *A l'égard des simples actes de procédure,*

(1) Mourlon, 2ᵉ *exam.* p. 665; M. Marcadé, art. 1304, num. 11. — Voir cependant *contrà.* Delvincourt, t. 1, p. 596; Montpellier, 27 avril 1831.

la nullité peut être proposée par le mari ou par la femme
en tout état de cause : c'est là quelque chose de simple et de
certain ; aussi la jurisprudence est-elle unanime (1).

2° *Quant aux jugements*, le mari, la femme ou ses héritiers peuvent les attaquer par toutes voies ordinaires et
même en Cassation, tant qu'ils n'ont pas force de chose
jugée. Mais lorsqu'ils sont passés en force de chose jugée,
cela constitue une ratification tacite (2). Or les jugements
n'acquièrent cette force que par des significations réguliè-
rement faites à la femme et au mari. Outre ces voies ordinaires, le mari peut prendre celle de la tierce opposition ;
ce droit ne se prescrit contre lui que par la prescription
de trente ans (3).

Voilà de quelles manières peut avoir lieu la ratification
de l'acte annulable. Il s'agit maintenant d'en étudier les
effets. Or la ratification soit expresse, soit tacite, peut être
faite ou bien par les deux époux conjointement, ou bien
par l'un d'eux seulement.

1° *Ratification faite par les deux époux*. — Elle rend
les deux époux, et par conséquent les héritiers de la

(1) Toulouse, 8 février 1823; Metz, 16 juin 1841 (Journ. du Pal.
t. 11, de 1841, p. 525); Cass. 5 août 1840 (t. 11 de 1840, p. 205); 13
Novembre 1844, (t. 11 de 1844, p. 564);—(2) Cass., 7 octobre 1812;
7 août 1815. — (3) Cass. 9 janvier 1822; Montpellier, 27 avril 1831,
—Bioche, num. 165, etc.

femme non recevables à attaquer les actes qui ont été faits sans autorisation. (Paris, 31 déc. 1836).

2° *Ratification faite par la femme.* — La femme peut ratifier l'acte annulable soit pendant le mariage avec l'autorisation du mari ou de justice, soit après sa dissolution par sa seule volonté. Lorsque la femme n'a ratifié l'acte qu'après la dissolution du mariage ou pendant sa durée, avec l'autorisation de justice, le mari n'en pourra pas moins attaquer l'acte, en vertu du droit qui lui est conféré par l'art. 225 (1). Mais lorsqu'elle a fait la ratification, pendant le mariage avec l'autorisation du mari, celui-ci est censé renoncer par son autorisation à son action en nullité : de sorte que dans cette hypothèse la ratification de la femme produit les mêmes effets que celle émanant des deux époux.

3° *Ratification faite par le mari.* — Il est clair que la ratification émanant du mari soit avant, soit après le mariage, produit une fin de non recevoir contre son action en nullité. Mais peut-elle avoir quelque effet à l'égard de la femme et de ses héritiers ? On dit pour l'affirmative que la nullité n'existant qu'à cause de l'autorisation du mari, lorsque cette autorisation survient, la nullité ne doit plus pouvoir être invoquée (2). Mais nous pensons avec la ma-

(1) Toulouse, 18 août 1827.—(2) M. Marcadé, art. 225, I ; Proudhon, t. 1, p. 269; Delvincourt, t. 1, p. 159; Vazeille, num. 579 et 580.

jorité des auteurs (1) que, l'autorisation maritale n'étant plus exigée dans le seul intérêt du mari, mais dans celui de la paix du ménage, l'autorisation qui émane du mari ne peut pas valider l'acte. Le premier refus du mari était peut-être fondé, et sa ratification postérieure est peut-être l'effet d'une erreur; or une fois que le bienfait de l'art. 225 est acquis à la femme, il ne faut pas permettre au mari seul de le lui retirer. Nous trouvons d'ailleurs un argument en faveur de cette opinion dans l'art. 1304, qui accorde à la femme dix ans depuis la dissolution du mariage, tandis que la ratification tacite du mari a déjà eu lieu par les dix ans écoulés depuis l'acte.

La ratification produit-elle un effet rétroactif au jour où l'acte a été fait ? — Autrefois, la nullité étant absolue, on décidait que la ratification créait un engagement nouveau (Pothier n° 74). Mais aujourd'hui que la nullité est relative, il faut dire que la ratification rétroagit au jour où l'acte ratifié a été fait. On oppose en vain qu'elle ne peut pas nuire aux droits des tiers, puisque nous avons vu que ceux-ci n'ont plus le droit d'invoquer la nullité.

SECTION VII.

Mandat du mari.

Nous passons maintenant à un ordre d'idées différent.

(1) Lebrun. L. II, ch. I, sect. IV, num. 19: Duparc-Poullain, t. v num. 134; Nougarède, *Lois du mar.* p. 461; Merlin, sect. VI, § 3, num. 2; Toullier, t. II, num. 645 et t. vii, num. 571; Duranton, t. 11; num. 518; Locré sur l'art. 217.

Jusqu'à présent nous avons supposé que la femme voulait agir dans son propre intérêt, et nous avons vu pour quels actes il lui fallait une *autorisation* soit du mari, soit de la justice. Dans cette Section nous allons étudier quels sont les pouvoirs que la femme peut recevoir du mari en ce qui concerne les intérêts de ce dernier.

Le mari peut-il donner à sa femme un *mandat* général; ou faut-il au contraire appliquer au mandat la règle de la spécialité en matière d'autorisation ?

Il y a d'abord un mandat général tacite qui a été admis de tout temps en ce qui touche les affaires domestiques. Ce mandat tacite a été reconnu dans l'intérêt même du mari; car si les marchands ne trouvaient aucune sûreté dans les fournitures livrées aux femmes à crédit, ils ne voudraient traiter qu'avec les maris, qui seraient par là forcés d'entrer dans les détails minutieux du ménage. Ce droit était constant dans les coutumes, et le président Lamoignon proposait dans ses arrêtés (art. 69 de la communauté) de formuler ainsi la règle : « Obligation de la « femme, faite sans l'autorisation du mari pour victuailles « et provisions ordinaires de la maison, pour marchan- « dises de drap, linges et autres étoffes servant à l'usage « *nécessaire et ordinaire*, est valable. » Le législateur n'a pas cru nécessaire de faire une disposition là-dessus; il a eu confiance dans la prudence des tribunaux. Il ne faudrait pas croire en effet que la femme ait le droit d'obliger son mari indéfiniment en ce qui regarde les fournitures ; les tribunaux ont toujours égard à la fortune des époux (1); ils sont surtout circonspects lorsqu'il s'agit d'achats de meubles ou de bijoux faits par la femme, et ils ne reconnaissent valables que ceux qui sont en rapport avec la fortune des époux.

Ce mandat tacite n'est qu'une présomption ; si donc il était évident que le mari n'a pas voulu le donner à sa femme, et s'il avait à cet effet défendu aux marchands de rien fournir à celle-ci, le marchand qui aurait livré une marchandise contrairement à cette défense ne devrait s'en prendre qu'à lui-même des pertes qu'il pourrait faire (2).

Nous trouvons dans l'art. 220, § 2, du Code Nap., une autre espèce de mandat tacite. Ce § suppose qu'un mari qui est commerçant laisse à sa femme le soin de détailler son commerce : il est clair qu'en ce cas il y a mandat tacite. Il y a mandat et non autorisation, parce que la femme fait l'affaire du mari et non la sienne propre ; il y aurait autorisation, si la femme faisait un commerce séparé.

(1) Parlement de Dijon, 1 juin 1682, 8 janv. 1693; Bouhier, *Cout. de Bourg.*, ch. XIX, num. 98; Merlin, sect. VII, num. 7; Toullier, t. XII, num. 275; — Rennes, 30 décembre 1813; Cass. 7 novembre 1820, 18 mars 1829, etc. — (2) Parlement d'Aix, 11 avril 1696; Vaslin sur l'art. 25 de la *Cout de la Rochelle*; — Paris, 19 juillet, 1823; — Merlin, *loc. cit.*; Toullier, num. 270, etc.

Dans tous ces cas, où la femme est considérée comme mandataire de son mari, elle oblige son mari sans s'obliger elle-même. Ainsi la femme qui gère le commerce de son mari oblige celui-ci par les engagements de commerce qu'elle souscrit (Cass. 25 janv. 1821) ; elle oblige aussi son mari en vendant en gros les marchandises de celui-ci (Poitiers, 14 mai 1823).

Le mari peut-il donner à sa femme le mandat général d'administrer sa fortune ? Ce mandat comprendra-t-il les actes d'aliénation ? L'affirmative nous paraît certaine. On ne peut pas en effet argumenter pour la négative de la disposition de l'art. 1538 ; on conçoit que la loi ait défendu au mari de donner à sa femme une autorisation générale d'aliéner les immeubles à elle appartenant, et qu'elle lui ait permis de donner à sa femme le mandat d'aliéner ses propres immeubles, s'il a confiance en elle. Le législateur a fait l'art. 1538, parce qu'il a craint que le mari ne fût pas assez diligent pour les affaires de sa femme ; mais il n'avait pas à se préoccuper de cela lorsqu'il s'agissait pour le mari de donner mandat dans son propre intérêt : tant pis pour lui s'il a eu tort d'avoir confiance dans l'aptitude aux affaires de sa femme. Aussi ce n'est pas de l'art. 1538 que pourrait naître un argument sérieux en faveur de la négative. — On a également cherché à dire, pour soutenir ce dernier système, qu'en donnant à sa femme un mandat général, le mari l'autorise à

s'obliger envers lui comme mandataire (art. 1991 et s.),
ce qui est dangereux. — Mais cet argument ne nous paraît pas meilleur ; n'y a-t-il pas en effet le même danger
quand le mari autorise sa femme à s'obliger pour lui ?
Nous pensons donc que le mari peut parfaitement donner
à sa femme un mandat général, sauf aux juges à apprécier
la responsabilité de la femme avec indulgence et suivant
les circonstances.

CHAPITRE II.
Des conséquences du contrat de mariage.

Jusqu'ici nous avons supposé que la femme était mariée
sous le régime de séparation de biens ; ce régime devait
en effet nous servir de base, puisque c'est celui de la plus
grande indépendance de la femme. C'est donc l'incapacité
qui frappe la femme mariée sous ce régime qui constitue
l'incapacité légale. Mais nous avons remarqué au commen_
cement de notre titre que le contrat de mariage pouvait
encore augmenter cette incapacité ; c'est ce que nous aurons à examiner dans ce chapitre II.

Afin de mettre de l'ordre dans les explications de ce
chapitre, nous allons rappeler quels sont les actes pour
lesquels la femme est capable, et nous rechercherons ensuite dans chaque régime de mariage quels sont ceux de
ces actes qui lui sont enlevés. Or la femme est capable
des actes d'administration et d'aliénation instantanée de

son mobilier à titre onéreux ; au-delà de ces actes, elle est incapable, sous quelque régime qu'elle soit mariée. Mais si la femme ne peut pas augmenter cette capacité par contrat de mariage, elle peut la diminuer ; c'est ce qu'il s'agit d'étudier dans les diverses Sections de ce chapitre.

SECTION I.

Modifications apportées à la capacité légale de la femme par le *régime d'exclusion de communauté.*

D'après ce que nous venons de voir, il faut diviser cette Section en deux Articles. Dans le premier, nous examinerons les modifications apportées par le contrat de mariage au pouvoir d'administrer de la femme ; dans le second, nous étudierons les restrictions apportées au droit d'aliéner d'une manière instantanée le mobilier à titre onéreux.

ART. I. — Droit d'administrer.

La femme qui se marie sous le régime exclusif de communauté se dépouille de l'administration de ses biens au profit de son mari à qui elle donne, avec ce mandat irrévocable d'administrer (art. 1531 C. Nap.), une sorte d'usufruit sur ses biens (art. 1530). Si le mari administre mal, la femme aura la ressource de reprendre son administration par la séparation de biens judiciaire.

ART. II. — Droit d'aliéner d'une manière instantanée les meubles à titre onéreux.

La loi ne s'exprime pas explicitement sur ce droit ; tou-

tefois il est bien certain que ce droit n'est qu'une conséquence du pouvoir d'administrer. Or la femme s'étant
dépouillée de l'administration de ses biens et l'ayant donnée au mari, il faut en conclure qu'elle n'a pas gardé seule
le droit d'aliéner ses meubles à titre onéreux d'une manière
instantanée.

SECTION II.
Modifications apportées à la capacité de la femme par les régimes de communauté.

Lorsque les époux ont adopté un régime de communauté, les conséquences, *pour les droits d'administration
et d'aliénation instantanée du mobilier à titre onéreux*,
sont les mêmes que dans le régime d'exclusion de communauté ; de sorte qu'il faudrait répéter ici ce que nous
avons vu dans les deux articles de la section première.

Mais dans les régimes de communauté légale ou con-
ventionelle les époux mettent en commun tout ou partie
de leurs biens, de telle sorte que l'union des époux est
plus grande dans ce régime que dans un autre. Il en résulte une différence entre ce régime et tous les autres dans
les effets de l'autorisation maritale ; c'est cette différence
que nous allons exposer ici.

Nous avons vu dans le Chapitre Ier (sect. V, art. 2) qu'en
règle générale l'autorisation que le mari donne à sa
femme ne l'oblige pas lui-même envers les tiers. Or
cette règle ne s'applique pas dans les régimes de commu-

nauté. Dans ces régimes en effet les biens des époux étant mis en commun en tout ou en partie, et les actes faits par l'un des deux époux ayant pour la communauté, dont le mari est l'usufruitier, des conséquences utiles ou fâcheuses, il était logique de décider que la femme qui agirait autorisée *par son mari*, engagerait celui-ci envers ceux qui ont été parties dans l'acte avec elle ; car il n'est pas probable que le mari autorise sa femme dans uu acte n'intéressant pas la communauté dont il est l'usufruitier. Voilà, selon nous, le seul motif qui a fait déroger à la règle *qui auctor est non se obligat*, et qui a fait établir que les actes passés par la femme avec l'autorisation de son mari engageraient celui-ci, sauf, bien entendu, à indemniser le mari (art. 1409 2°, et 1419).

Toutes les fois que ce motif n'existe pas, ne faut-il pas appliquer la règle générale à laquelle ont dérogé les articles 1409, 2° et 1419 ? Cette question est vivement controversée. Dans un premier système, on dit qu'il n'y a aucune exception à ces articles. C'est en vain qu'on oppose à ce système l'art. 1413 qui dit que « si la succession « *purement immobilière* est échue à la femme, et que « celle-ci l'ait acceptée du consentement *de son mari*, les « créanciers de la succession peuvent poursuivre leur « paiement *sur tous les biens personnels de la femme*. » — Toullier (1) répond à cette objection que le légis-

(1) T. xii, num. 262.

lateur a seulement oublié d'ajouter dans cet article, après les mots *sur tous les biens personnels de la femme,* les mots *et sur les biens de la communnauté ou du mari!!!*.. Cette supposition arbitraire suffit pour condamner tout le système.

Une seconde opinion admet, outre cette première exception de l'art. 1413 qu'il est si difficile de rejeter, une seconde exception dans l'art. 1432, qui est ainsi conçu : « Le mari qui garantit solidairement *ou autrement* la « vente que sa femme a faite d'un immeuble personnel, a « pareillement un recours contre elle, soit sur sa part « dans la communauté, soit sur ses biens personnels, s'il « est inquiété. » Dans ce système on dit : l'art. 1432 décide que le mari qui garantit la vente d'un propre de la femme est obligé personnellement ; donc *à contrario,* s'il ne la garantit pas, il n'est pas obligé, puisque l'acte fait par la femme autorisée n'intéresse que celle-ci.

Un troisième système soutient que les art. 1409 2° et 1419 ont posé une règle absolue à laquelle le législateur a fait une seule exception formellement exprimée dans l'article 1413. D'après les partisans de ce système, le mari est obligé personnellement dans les art. 1409 2° et 1419 pour *deux* motifs : 1° parce que la loi a craint que le mari ne se servît de la femme comme d'un prête-nom dans son seul intérêt et dans celui de la communauté ; 2° parce que les tiers sont portés à confondre l'autorisation du mari avec son cautionnement. Or, dit-on, dans l'art. 1413 aucun de ces deux motifs ne se rencontrant, il était raisonnable de déclarer que le mari ne serait pas tenu ; dans l'art. 1432, au contraire, le second motif est applicable : dès lors la règle des art. 1409 2° et 1419 ne peut pas y être renversée par un simple argument *à contrario*.

Quant à nous, nous croyons, avec une quatrième opinion, que dans les régimes de communauté le législateur a dérogé à la règle *qui auctor est non se obligat* ; qu'en conséquence la femme qui contracte ou qui este en justice avec l'autorisation de son mari, engage celui-ci (1). Mais comme nous sommes convaincu que cette disposition des art. 1409 2° et 1419 n'a été établie par le législateur que parce qu'il a présumé que l'acte a été fait dans l'intérêt de la communauté ou du mari, et parce qu'il a craint alors une influence abusive du mari sur sa femme, nous pensons que toutes les fois qu'il est prouvé par le mari que l'acte n'intéressait que sa femme, le mari ne doit pas être tenu sur ses biens : *Sublatâ causâ tollitur effectus.* La loi a elle-même approuvé cette idée si logique dans l'art. 1413, qui est une exception formelle à l'art. 1419 ; et quoique nous renoncions à nous prévaloir de l'argument *à contrario* que l'on peut tirer de l'art. 1432, nous n'en croyons pas moins qu'il faut étendre à cet article et

(1) Le législateur nous a lui-même fourni une application de l'art. 1419 à la fin du § 1er de l'art. 220.

aux autres cas analogues la disposition de l'art. 1413 ; là loi n'a pas dû en effet se préoccuper d'une erreur de droit que pourraient faire les tiers : nous repoussons donc complètement le second motif sur lequel les auteurs du deuxième système fondent leur théorie. Il ne faut du reste pas oublier que la disposition de l'art. 1419 est spéciale aux régimes de communauté, et que par conséquent elle constitue elle-même une exception ; dès lors les rédacteurs du Code Napoléon n'avaient pas besoin de dire que partout où ils n'avaient pas indiqué d'exception le principe général s'appliquerait. C'était là une règle de logique qu'il était inutile de poser dans un Code, qui doit être l'expression aussi brève que possible de la volonté du législateur.

Lorsque le mari est tenu envers les tiers par son autorisation, comment est-il tenu ? Il est certain qu'il est tenu sur ses biens. Mais est-il tenu par corps ? La question ne peut se soulever qu'à propos de l'art. 220 du C. Nap., répété par l'art. 5 du Code de commerce. Or, dans l'ancien droit, l'affirmative paraissait certaine. Aujourd'hui elle ne peut plus être admise en présence du principe posé dans l'art. 2063. Le Conseil d'État s'est d'ailleurs prononcé là-dessus de la manière la plus claire (Fenet, t. IX, p. 77, et Locré t. III, p. 508, 309).

SECTION III.

Modifications apportées à la capacité de la femme par le *Régime dotal*

Il faut distinguer avec soin dans ce régime les biens

dotaux des biens extradotaux ou paraphernaux. En ce qui touche les biens paraphernaux, la femme est aujourd'hui dans la même position que si elle était séparée de biens; sa capacité est la même. Autrefois, il n'en était pas ainsi : la femme qui avait tous ses biens paraphernaux pouvait les aliéner sans le consentement de son mari; mais aujourd'hui l'art. 1576 l'assimile à la femme séparée de biens: de sorte que nous nous bornerons à renvoyer aux explications du chapitre premier.

Il en est autrement des biens dotaux.

ART. I. — Droit d'administrer les biens dotaux.

La femme qui adopte le régime dotal donne à son mari le mandat irrévocable d'administrer ses biens dotaux ; ce mandat est plus étendu que sous aucun autre régime, puisqu'il donne au mari l'exercice des actions pétitoires immobilières (art. 1549). Remarquons qu'en cela le Code s'éloigne de l'esprit conservateur de la dot qui existe dans le régime dotal.

ART. II. — Droit d'aliéner instantanément les meubles dotaux à titre onéreux.

Si l'on reconnaît l'aliénabilité des meubles dotaux, il faut nécessairement admettre, comme conséquence du mandat d'administrer donné au mari, que la femme dotale partage avec son mari le droit d'aliénation instantanée du mobilier à titre onéreux. Si, au contraire, on pense que les meubles dotaux sont inaliénables, cette conséquence de l'art. 1549 ne peut pas avoir lieu ici.

ART· III. — Inaliénabilité des immeubles dotaux.

Nous avons vu précédemment que la femme mariée peut être relevée de l'incapacité d'aliéner ses immeubles par l'autorisation du mari ou de la justice. Or, cette règle n'existe plus quand les époux ont adopté le régime dotal. Dans ce régime essentiellement conservateur de la dot, le législateur a augmenté l'incapacité de la femme en ce qui touche l'aliénation de ses meubles dotaux, en déclarant que, sauf dans quelques cas énumérés par lui, la femme ne pourrait pas effectuer cette aliénation même avec le consentement du mari ou de la justice ; mais cette diminution de capacité ne résultant que du contrat de mariage et par conséquent de la volonté des parties, l'art. 1557 a permis aux époux mariés sous le régime dotal de déroger à l'art. 1554 et de rentrer ainsi, quant à l'aliénation des immeubles de la femme, dans l'incapacité légale de notre chapitre Ier.

TITRE II.

LÉGISLATIONS ÉTRANGÈRES.

Parmi les législations étrangères, les unes sont tout à fait différentes du Code Napoléon ; d'autres sont entièrement copiées sur lui ; d'autres enfin, et celles-ci sont les plus nombreuses, quoique ayant pris ce Code pour modèle, contiennent quelques différences. Une étude complète et méthodique de ces diverses législations nous entraînerait trop loin ; nous nous bornerons donc à indiquer dans ce Titre les principales différences du droit français et du droit étranger, ne nous occupant, bien entendu, que des législations codifiées.

A la tête des codes étrangers, nous placerons celui d'*Autriche*, parce que c'est celui qui a donné à la femme la plus grande indépendance. Cette législation, qui est antérieure à celle du Code Napoléon et qui a succédé au droit romain, a puisé dans le dernier état de ce droit les principes de liberté qui le distinguaient dans notre matière. Après avoir déclaré dans son art. 91 que le mari était chef de la communauté, le Code d'Autriche a décidé que la femme n'aurait besoin d'aucune autorisation pour s'engager. Jusqu'ici ce code est conforme au droit romain. Mais le législateur autrichien a été encore plus loin que ce droit dans ses tendances d'assimilation de la capacité de la femme à celle de l'homme ; il a en effet disposé dans l'art. 1349 que la femme pourrait même s'engager pour son mari sans l'autorisation de personne ; ce qui est l'abrogation du S.-C. Velléien.

D'après le *Code de la Louisiane* (art. 125), la femme séparée de corps n'a *en aucun cas* besoin de l'autorisation de son mari ; ce qui n'existe pas dans le Code Napoléon.

Le *Code des deux Siciles* (art. 206) a ajouté à l'art. 217 du C. Nap. une disposition par laquelle il a validé la donation faite par la femme, même sans autorisation, à un enfant commun ou issu d'un précédent mariage.

Les principes du nouveau Code *de Hollande* sont à peu près les mêmes que ceux du Code Napoléon. Cependant on y remarque un article spécial pour déclarer qu'en ce qui regarde les dépenses ordinaires et journalières du ménage, l'*autorisation* du mari est présumée donnée. On se rappelle que le Code Napoléon ne contient pas de disposition là-dessus, mais qu'on déduit de l'art. 1420 un *mandat* général et tacite donné à la femme par le mari pour l'administration domestique (1).

Cependant le législateur Hollandais est allé plus loin que le Code Napoléon en ce qui touche le droit de la femme de demander la nullité d'un acte fait sans autorisation ; il a permis à la femme d'intenter cette action même dans le cas où elle aurait exécuté l'acte après la dissolution du mariage (art. 172); ce qui, sous l'empire du Code Napoléon, est justement considéré comme une ratification tacite.

Enfin l'art. 169 du même Code de Hollande renferme une disposition qui n'est pas dans le Code Napoléon, et en vertu

______

(1) Le Code du grand-duché de Bade , qui est d'ailleurs en tous points calqué sur le nôtre, contient une disposition analogue à celle du Code de Hollande en ce qui touche l'administration domestique. L'art. 55 du Code du canton de Fribourg décide de même.

de laquelle, toutes les fois que la femme veut faire un acte pour lequel ses intérêts se trouvent en opposition avec ceux du mari, elle n'a qu'à demander l'autorisation à la justice.

Le *Code Sarde* nous offre des dispositions analognes à celles de cet art. 169 du Code de Hollande. Il fait cependant une distinction entre les actes judiciaires et les actes extrajudiciaires ; car à l'égard de ceux-ci il n'exige l'autorisation du *juge* que lorsque ces actes, pour lesquels les intérêts des deux époux sont en opposition, dépassent des objets de pure administration (art. 133).

Les diverses législations que nous avons parcourues jusqu'ici ne sont pas plus sévères ou même sont moins sévères pour la femme que la législation française. Il est impossible d'en dire autant des nouvelles législations de la Suisse qui contiennent une chose détestable, l'introduction de personnes étrangères dans les secrets des époux. C'est ainsi que le *Code de Genève* (loi du 30 janv. 1819) défend à la femme de s'obliger *directement ou indirectement, comme partie principale ou comme caution, pour son mari ou dans l'intérêt de ce dernier, si elle n'y est formellement autorisée par deux conseillers,* nommés par le Procureur général. — *Le Code civil du pays de Vaud* n'est pas moins mauvais : il exige, outre l'autorisation du mari, celle *des deux plus proches parents,* et lorsque la femme s'oblige au profit de son mari, l'autorisation du juge de paix. (Art. 117 à 125.) Ces dispositions si sévères pour la femme ne sont pas moins gênantes pour le mari; elles font dépendre celui-ci du caprice de parents qui ont peut-être vu son mariage avec déplaisir et qui seront bien aises de se venger en lui refusant leur autorisation.

Cet aperçu des législations modernes prouve ce que nous avons dit à la fin de notre Introduction que la plupart des rédacteurs des codes étrangers ont suivi l'impulsion que leur avait donnée le législateur français. Ils ont repoussé l'antique idée de l'infériorité de la femme pour adopter le principe de l'intérêt de la famille et de la paix du ménage, qui est seul en rapport avec l'esprit de la religion chrétienne et le progrès de la civilisation Européenne.

POSITIONS.

DROIT ROMAIN.

I. Le S. C. Velléien défend à la femme d'engager *sa chose* pour autrui.

II. L'exception du S. C. Velléien profite au fidéjusseur de la femme qui est intervenue pour autrui.

III. La femme peut invoquer le S. C. Velléien quand elle intercède pour celui qui a fait une donation *propter nuptias*.

IV. La femme ne peut pas renoncer *dans tous les cas* au bénéfice du S. C. Velléien.

DROIT FRANÇAIS.

I. Le motif de l'incapacité légale de la femme mariée est l'intérêt de la famille et de la paix du ménage.

II. L'art. 1449 du Cod. Nap. ne permet pas à la femme séparée de biens de donner son mobilier à titre gratuit.

III. La femme ne peut pas, en dehors des actes d'admitration, s'obliger sur son mobilier.

IV. La femme n'a pas besoin de l'autorisation de son mari pour demander la nullité de son mariage.

V. Les actes faits par une femme marchande publique sont réputés faits pour son commerce.

VI. L'art. 861 Cod. proc., s'applique aussi bien aux actes extrajudiciaires qu'aux actes judiciaires.

VII. Les créanciers de la femme n'ont pas le droit d'invoquer la nullité pour défaut d'antorisation.

VIII. Le donateur ne peut pas exciper du défaut d'autorisation de la donataire pour révoquer sa donation.

IX. L'art. 1413 Cod. Nap. constitue une exception aux art. 1409 2° et 1419, et n'est pas limitatif.

DROIT CRIMINEL.

I. L'accusé de bigamie peut se prévaloir des nullités *relatives* qui lui sont personnelles aussi bien que des nullités absolues, lorsque d'ailleurs il ne les a pas couvertes.

II. Même lorsque le contrat civil et le délit dont il est l'élément forment des actes distincts dont l'un a été préexistant à l'autre, la question préjudicielle de l'existence de ce contrat, ou de son exécution, ou de son interprétation, reste dans le domaine du juge criminel.

HISTOIRE DU DROIT.

I. La personalité du droit dans la Gaule Franque signifiait que chacun était soumis à la coutume du pays où il était né et non point que chacun avait le droit de se choisir la loi qu'il voulait.

II. La communauté conjugale a une origine germanique.

DROIT DES GENS.

I. L'état de guerre entre deux nations rompt les traités politiques *continus*.

II. Les obligations résultant des traités peuvent s'éteindre par prescription.

Vu par le Président, OUDOT.

Le Doyen, C. A. PELLAT.

Permis d'imprimer.

Le Recteur, CAYX.

DIVISIONS DE LA THÈSE.

PARIS. — IMP. DE MOQUET, 92, RUE DE LA HARPE.